Servir aos super-ricos

Alizée Delpierre

Servir aos super-ricos

O que acontece entre os **multimilionários** e seus **empregados** a **portas fechadas**

Tradução: Julia da Rosa Simões

VESTÍGIO

Publicado originalmente na série *L'envers des faits*,
dirigida por Paul Pasquali e Fabien Truong

Título original: *Servir les riches – Les domestiques chez les grandes fortunes*

DIREÇÃO EDITORIAL
Arnaud Vin

EDIÇÃO E REVISÃO
Eduardo Soares

CAPA
Diogo Droschi
(Sobre imagem de
Pixel-Shot/Adobe Stock)

DIAGRAMAÇÃO
Guilherme Fagundes

Dados Internacionais de Catalogação na Publicação (CIP)
Câmara Brasileira do Livro, SP, Brasil

Delpierre, Alizée
Servir aos super-ricos : o que acontece entre os multimilionários e seus empregados a portas fechadas / Alizée Delpierre ; tradução de Julia da Rosa Simões. -- 1. ed. -- São Paulo : Vestígio, 2025.

Título original: Servir les riches : les domestiques chez les grandes fortunes.
ISBN 978-65-6002-127-3

1. Classes sociais 2. Desigualdades sociais 3. Igualdade 4. Empregados domésticos - Aspectos sociais 5. Mobilidade social 6. Ricos - Conduta de vida I. Título.

25-298787.0 CDD-305.5

Índices para catálogo sistemático:
1. Classes sociais : Sociologia 305.5

Eliete Marques da Silva - Bibliotecária - CRB-8/9380

A **VESTÍGIO** É UMA EDITORA DO **GRUPO AUTÊNTICA**

São Paulo
Av. Paulista, 2.073 . Conjunto Nacional
Horsa I . Salas 404-406 . Bela Vista
01311-940 São Paulo . SP
Tel.: (55 11) 3034 4468

Belo Horizonte
Rua Carlos Turner, 420
Silveira . 31140-520
Belo Horizonte . MG
Tel.: (55 31) 3465 4500

www.editoravestigio.com.br
SAC: atendimentoleitor@grupoautentica.com.br

Para Thelma, cujos primeiros meses
de vida foram também os deste livro.
Para Chloé, que tem a escrita tão bela.

Introdução

Setembro de 2012. É terça-feira, por volta das 14 horas, e tenho um encontro com Geneviève na casa dela, no 8º *arrondissement* de Paris. É a primeira vez que vou a esse bairro. Intimidada com a grandiosidade e a imponência das ruas, espantada com a limpeza das calçadas, acho curioso ver mulheres que parecem vestidas como seus cães (ou seria o contrário?) e homens de negócios saboreando torradas com salmão defumado em belas *brasseries*, em pleno dia de semana. Estou adiantada e me pergunto: devo levar algo? Eu não teria pensado nisso se estivesse indo para minha entrevista de emprego com Geneviève em um café. Meu caso é diferente: o encontro na casa dela me deixa insegura. Entro em uma butique de chocolates finos, bem perto do prédio onde ela mora. Sou a única cliente diante de três atendentes uniformizadas que me olham sorrindo. Não tenho coragem de sair da loja de mãos vazias. Compro, sem pensar, uma caixa média de bombons, de preço desconcertante, que deslizo discretamente para dentro da bolsa, cuidando para não amassar o papel de presente dourado e brilhoso que a embala. Pretendo oferecê-la a Geneviève, como forma de agradecimento por me receber em sua casa para uma entrevista.

Faltam quinze minutos para o horário marcado: cedo demais para tocar a campainha, tarde demais para desistir. Espero na frente do edifício, nervosa. Às 14 horas em ponto, toco. Preciso atravessar três portas protegidas por senhas e interfones antes de chegar ao elevador que me leva ao terceiro andar. Tudo é bonito. Mas essa beleza das coisas antigas, das coisas caras, não é exatamente meu tipo de beleza. Alguns dias antes, eu havia falado por telefone com Catherine, filha de Geneviève. Ela queria que eu conhecesse sua mãe, já que estava na China com o marido e os dois filhos. Eles passam metade do ano lá, mas Catherine está procurando uma *nanny** para atender os filhos nos meses em que eles voltam para Paris. Geneviève foi encarregada, portanto, de ver se poderia "rolar" comigo.

O elevador se abre, chego à porta do apartamento. Estou vestida toda de preto, coloquei brincos de pérolas brancas. Na verdade, são pérolas falsas, de plástico, mas parecem verdadeiras. Não quero cometer nenhum erro de gosto. Toco a campainha. Nesse momento, sinto vontade de fugir. Ouço passos apressados. Dois ou três giros de chave na fechadura e, dois ferrolhos depois, a porta se abre sobre uma cortina preta, que uma mão afasta rapidamente. Diante de mim, uma mulher pequena, de cerca de sessenta anos, vestida de cinza e branco. Sorrio, dou bom-dia e estendo a mão. Em vez de apertá-la, ela me olha com um rosto neutro e me cumprimenta com um leve aceno de cabeça. Entendo

---

* Para designar as mulheres que cuidam de seus filhos, os super-ricos costumam utilizar o termo *nanny*. Sinal da internacionalização dessas famílias, ele também é uma marca de distinção que remete às renomadas *nannies* britânicas. Ao preferir o termo *nanny* a "babá" ou *baby-sitter*, os super-ricos mostram que só contratam pessoas de qualidade.

que devo segui-la. Ela diz para eu me acomodar no sofá de uma imensa sala de estar. Espero um minuto que parece uma eternidade. A mulher que abriu a porta volta com uma bandeja e uma xícara de chá. Ela a coloca sobre a mesa de centro à minha frente e, antes que eu consiga agradecer por me receber para a entrevista, ela diz: "Madame chegará em alguns instantes". Então entendo que a mulher à minha frente não é Geneviève, mas a criada.

Ainda existem serviçais

A criada se chama Jelena. Ela é polonesa, e é a primeira criada em tempo integral que conheço "de verdade". Antes disso, eu só as vira em romances, como a Célestine de Octave Mirbeau, a Adèle de Émile Zola, a grande Nanon de Balzac ou a Félicité de Flaubert. Para mim, as criadas eram personagens que pertenciam a um passado distante, ou eram totalmente fictícias, frutos do olhar burguês e das fantasias masculinas que os escritores projetavam sobre as mulheres das classes populares. Quando me dei conta de que Jelena era a criada de Geneviève, todo um universo se descortinou diante de mim: o dos serviçais dos super-ricos, ao qual eu dedicaria minha pesquisa de doutorado.

Os serviçais estão longe de ter desaparecido e ainda são chamados assim, ao contrário do que afirmou um jornalista do *Le Figaro* ao comentar, em 2018, a mobilização dos Coletes Amarelos: "Essa peça de vestuário também nos remete ao colete dos mordomos e camareiros, do pessoal da casa, os 'serviçais', como eram chamados até meados do século XX. A expressão, que caiu em desuso, foi proibida pela decência, pelo mesmo motivo por que os confeiteiros tiveram de substituir as 'têtes de nègre' [cabeças de negro] por 'suspiros de chocolate'".[1*] O termo saiu de moda, de fato, ao menos na linguagem formal das instituições e das categorias estatísticas: para designar os serviços domésticos, o termo foi substituído por "auxiliares a domicílio", "ajudantes do lar", "trabalhadoras familiares", ou ainda "trabalhadoras do lar" e "profissional de limpeza". No entanto, ele continua presente nos lábios de todas as pessoas abastadas que conheci durante minha pesquisa. Essa mudança de vocabulário expressa algumas transformações contemporâneas desses serviços, mas oculta a persistência de uma pluralidade de formas de trabalho doméstico, em tempo integral, nas casas dos mais ricos. Utilizar essa palavra não é, portanto, nem um anacronismo nem um desrespeito às lutas das empregadas domésticas pelo reconhecimento de sua condição de trabalhadoras.[2] É a única maneira de tornar visível aquilo que contribui para mantê-las na sombra: o trabalho a domicílio e todas as tarefas que envolvem o cuidado do *domus* (o lar, em latim, de onde deriva o termo "doméstico") e dos corpos que ali vivem.

Os serviçais que conheci são majoritariamente mulheres.[**] Elas são polivalentes, ou especializadas como governantas, camareiras, cozinheiras, *nannies*, lavadeiras.[***] Muitas delas têm entre um e três filhos, metade é casada, a outra metade é solteira ou vive em união estável. Elas trabalham ao lado de homens que ocupam cargos de mordomos, camareiros,

---

[*] As notas de referência foram organizadas por capítulo ao fim do livro, a partir da página 209.

[**] Por isso o uso sistemático do feminino para designá-las nesta obra, quando se trata do conjunto das 86 serviçais entrevistadas. Em minha pesquisa, 72% dos empregados domésticos são mulheres.

[***] Entre essas mulheres, 36% são polivalentes, 17% são governantas e 33% são *nannies*, damas de companhia, cozinheiras ou camareiras.

chefs, motoristas.[*] Esses homens geralmente não têm filhos ou apenas um, e pouco mais da metade é solteira. Entre os ricos, as serviçais trabalham em tempo integral, no mínimo de oito a dez horas por dia, com frequência mais, cuidando tanto das tarefas domésticas quanto de outros aspectos da vida familiar, sendo solicitadas a todo instante para satisfazer a todos os desejos (ou quase) dos patrões. Com poucas exceções, dormem na casa dos empregadores ou bem perto, no mesmo prédio, propriedade, bairro ou cidade. Contratadas em tempo integral, sozinhas ou em equipe dentro de um mesmo lar, elas são milhares na França. É impossível saber seu número exato (muitas não são declaradas, ou só parcialmente, ou sob denominações que não permitem identificá-las claramente), mas fazem parte de um setor que tem todas as características de um nicho de mercado, com suas próprias agências de recrutamento e cursos de luxo, exclusivamente voltados para os lares mais privilegiados.[**]

Esses lares geralmente são compostos por casais heterossexuais, muitas vezes com filhos,[***] que, todos os dias, são servidos por outros, dentro de suas casas, do amanhecer

---

[*] Entre os homens, 74% são mordomos, 22% motoristas e 4% cozinheiros, camareiros ou polivalentes.

[**] Uma parte de minha pesquisa se debruça sobre essas agências e as escolas de *butlers* de luxo. Participei de quatro cursos para empregados domésticos, cada um com duração de duas a três semanas, na França, nos Países Baixos, na China e na África do Sul, compartilhando de perto o cotidiano dos alunos. Essa parte da pesquisa não será abordada aqui, mas lança luz sobre o serviço doméstico para os super-ricos e contribui amplamente para as análises desenvolvidas nesta obra.

[***] Um pouco mais de 60% dos detentores de grandes fortunas que participaram desta pesquisa são mulheres, 94% são casadas e quase 95% têm um ou mais filhos.

ao anoitecer, às vezes durante a noite. As mulheres dão as ordens às serviçais, os maridos pagam seus salários.*
Assim que acordam, esses patrões encontram o café da manhã servido com cuidado, suas roupas dobradas sobre a cadeira, os filhos penteados e prontos para serem levados à escola pela *nanny* ou, melhor ainda, pelo motorista. À noite, ao voltarem do escritório, da academia, do spa ou de alguma cerimônia, eles podem se acomodar no sofá, mergulhar na banheira quente ou se enrolar no edredom, desfrutando da paz de uma casa sempre limpa, arrumada, perfumada, com a geladeira cheia e os filhos dormindo um sono profundo.

É assim que, há mais de oitenta anos, Geneviève, rica herdeira de uma antiga dinastia aristocrática, saboreia o privilégio de ser mimada por criadas como Jelena, sempre à sua disposição. Vale dizer que já faz trinta anos que Jelena cuida da limpeza, da roupa, das compras, da cozinha, do lanche dos netos, da costura, dos pedidos diversos, dos cuidados de beleza da patroa, de colocá-la para dormir e de acordá-la, e até de vesti-la. O quarto de Jelena é colado ao de Geneviève, para que ela possa acordar caso a patroa precise dela no meio da noite. Jelena é solteira. Geneviève, sua filha Catherine e seus netos são a única família que ela tem.

---

* Os laços financeiros que esses homens ricos mantêm com os empregados da casa, encobertos pelo papel central que suas esposas desempenham na gestão dessas relações, são aqui representados pelo uso do masculino para designar os empregadores quando me refiro ao conjunto dos ricos. Essa escolha linguística não tem a intenção de invisibilizar as patroas, mas sim de lembrar que elas vivem em um meio social em que os homens, grandes ausentes dos estudos sobre a domesticidade, controlam, com ou sem a participação delas, o capital econômico do lar.

Ela sente muito carinho por eles. Católica fervorosa, agradece todos os dias aos céus por esse trabalho e por esse teto, pois chegou à França pouco depois da maioridade, sem documentos, sem diploma, sem falar uma palavra de francês. Outra polonesa, conhecida na missa, a apresentara aos bairros nobres da capital, prometendo-lhe que lá encontraria "uma boa colocação". Desde então, Jelena nunca mais deixara os entornos do parque Monceau e do Arco do Triunfo.

À sombra das balaustradas douradas

Ao percorrer as ruas desses bairros, é difícil imaginar que ali vivem serviçais. Essas mulheres e esses homens têm, entre outras particularidades, a capacidade de se manter fora do alcance dos olhares, atrás das paredes dos grandes apartamentos burgueses e das mansões da capital, dos velhos castelos no interior, das vilas no sul, das imensas casas de veraneio onde as pessoas muito ricas, como Geneviève, passam as férias nos quatro cantos do mundo. Trabalhando no silêncio e na discrição do lar, os serviçais são invisíveis. E no entanto, no reservado universo dos muito ricos, há muito tempo a riqueza das "grandes casas" se mede, em parte, pelo número de serviçais que nelas trabalham. No século XIX, na França, havia em média um ou dois criados nas famílias da média burguesia, três nos lares burgueses abastados, de quatro a dez entre a nobreza provincial e... de um a várias dezenas, ou mesmo algumas vintenas de serviçais, nas famílias mais ricas.[3] Além da função ostentatória, que se inscrevia nas estratégias de distinção entre famílias muito abastadas, esses serviçais eram responsáveis acima de tudo pela manutenção de imensas propriedades.[4]

É verdade que, ao longo do século XX, a diminuição da riqueza de algumas famílias levou automaticamente à redução do número de serviçais em suas casas. O aumento do custo da mão de obra, a modernização de moradias que não exigem mais tanta manutenção e o surgimento de modos de lidar com a intimidade que questionam a naturalidade de se ter empregados circulando pela casa explicam essa mudança, tanto quanto as críticas dos super-ricos à suposta mediocridade e indisciplina dos criados.[5] Por outro lado, as mulheres das classes populares aos poucos foram sendo atraídas por outras profissões, consideradas menos servis, graças às conquistas do movimento operário e à ampliação do acesso das mulheres ao trabalho assalariado. Essas transformações sociais tornam o trabalho doméstico em tempo integral ainda mais distintivo nos dias de hoje por contrastar com a figura da criada faz-tudo muito comum depois dos anos 1950: a da faxineira que trabalha para vários empregadores.[6]

Os empregos de serviços a domicílio contemporâneos são majoritariamente em tempo parcial na França: representam mais de 5% dos empregos, e um em cada oito lares utiliza esse tipo de serviço – dados subestimados, pois nem sempre levam em conta a economia informal.[7] As profissões agrupadas sob esse termo não representam 27% do mercado de trabalho, como na Arábia Saudita, mas expressam realidades e figuras familiares: faxineiras, assistentes domiciliares, babás em tempo parcial. Empregos que as políticas públicas contribuem a criar, regulamentar e democratizar.[8] Em todos os países ocidentais, os Estados veem neles uma maneira de investir no futuro, tratando os empregos de serviços a domicílio como uma resposta às desigualdades de gênero na divisão das tarefas domésticas, aos problemas das populações idosas e dependentes e ao desemprego das trabalhadoras menos qualificadas. Trata-se de um setor em plena expansão na França: a multiplicação de grupos especializados nesses serviços, alguns* dos quais conquistaram uma considerável fatia de mercado, o comprova. Os serviços domésticos aos ricos integram esse mercado mais amplo dos serviços a domicílio, que ganhou visibilidade com a crise de Covid-19, mas, na verdade, não têm nada a ver com a maioria dos empregos desse setor.

De tempos em tempos, os serviçais despertam a curiosidade da mídia, geralmente após algum escândalo público ou algum obscuro caso envolvendo grandes quantias de dinheiro, que seriam provas do caráter antiquado e folclórico do estilo de vida das esferas mais altas da sociedade, como no caso do mordomo acusado de instalar escutas na casa de Liliane Bettencourt.[9] Para o cidadão comum, serviçais e super-ricos parecem habitar um mundo inacessível, estranho, arcaico, absurdo. As criadas simbolizam a submissão; seus patrões, a dominação. Viver sob o mesmo teto, tendo saído de ambientes sociais opostos, parece impossível. Todos esses fatores explicam o sucesso da famosa série *Downton Abbey* ou do filme *Parasita*, vencedor da Palma de Ouro e do Oscar de melhor filme no ano seguinte.** As relações entre patrões e serviçais fascinam e

---

* Como o Grupo O2. [Empresa francesa bastante conhecida no setor de serviços a domicílio. (N.T.)]

** *Downton Abbey*, série britânica de Julian Fellowes, é um sucesso mundial desde sua estreia em 2015; *Parasita*, filme de Bong Joon-Ho, recebeu a Palma de Ouro em Cannes, em 2019, e quatro Oscars em 2020, incluindo o de melhor filme, feito raro que não acontecia desde 1955, com *Marty*, de Delbert Mann.

assustam por sua ambivalência, oscilando entre distância e intimidade, harmonia e violência, lealdade e rebelião, como dramatizado de forma extrema no filme *Mulheres diabólicas*, de Claude Chabrol.* Essas relações cristalizam uma *dominação íntima* levada ao paroxismo, em contraste com as transformações dos costumes e das leis que visam justamente a denunciá-la e a manter os corpos à distância.[10] Longe dos clichês e das lendas urbanas, este livro tem como objeto essa promiscuidade estatisticamente excepcional entre indivíduos situados em polos opostos da estrutura social, a partir de uma imersão no universo, atual e muito real, dos detentores de grandes fortunas e de seus serviçais.

Um confronto social no coração do lar

Analisei os dois lados desse universo: interessei-me tanto pelos serviçais quanto pelos ricos que os contratam. Essa escolha se impôs como forma de melhor compreender seus respectivos pontos de vista, mas também para evitar a tendência de muitos trabalhos sociológicos de focar exclusivamente em um único grupo social. Esforcei-me para observar e ouvir ambas as partes, tendo o cuidado de não "trair" a fala dos entrevistados, respeitando a regra de ouro de todo etnógrafo, que consiste em *dizer sem prejudicar*.[11] Por isso, não entrevistei serviçais e patrões da mesma casa: preferi constituir duas subpopulações distintas compostas por pessoas que não mantivessem uma relação de trabalho – embora algumas se conhecessem, de nome ou de vista.

---

* *Mulheres diabólicas*, filme de Claude Chabrol lançado em 1995, é inspirado em uma história real: o crime cometido pelas irmãs Papin contra seus patrões, em 1933.

As redes de relações mútuas que estruturam o universo dos super-ricos e dos serviçais me ajudaram bastante a circular por esse meio.*

Para me aproximar o máximo possível dos detentores de grandes fortunas, realizei uma série de observações de campo e de entrevistas longas, algumas realizadas mais de uma vez,** com pessoas dos quatro cantos da França, especialmente da Île-de-France e da Riviera Francesa, onde elas se concentram. Insisti para encontrá-las em suas residências, o que, na maioria das vezes, lhes convinha. Ao conhecer suas casas, tive acesso a informações valiosas sobre seus níveis e estilos de vida, suas maneiras de ocupar simbolicamente e materialmente o espaço, mas também sobre suas relações com os serviçais. As entrevistas sempre começavam ou terminavam com uma visita pela casa, e às vezes se estendiam, quando eu era convidada para uma refeição ou quando outras pessoas do círculo social dos entrevistados se juntavam à conversa. Alguns encontros também ocorreram em cafés, restaurantes ou locais de trabalho dos ricos. Seus "refeitórios", "QGs" e "refúgios de paz", como eles dizem, são para poucos: tomei cafés de seis euros, sucos de quase vinte, saladas de mais de quarenta. Alguns entrevistados

---

* Para preservar o anonimato dos entrevistados, alterei seus nomes e sobrenomes e, às vezes, suprimi detalhes secundários de seus perfis que poderiam revelar sua identidade.

** Entrevistei 123 detentores de grandes fortunas, o que corresponde a 108 domicílios, já que 15 entrevistas foram realizadas com casais. Conduzi com eles uma, duas ou (mais raramente) três entrevistas, de no mínimo duas horas, com frequência muito mais. Com o consentimento de todos, essas entrevistas foram gravadas e complementadas pelas anotações que eu fazia sobre o contexto da pesquisa e os desdobramentos de nossos encontros.

chegaram a me pedir desculpas por não me levarem a lugares ainda mais luxuosos e caros.

É preciso dizer que os ricos mencionados neste livro estão entre os mais abastados. Multimilionários, às vezes bilionários, eles formam uma alta burguesia estratificada em função do montante, da antiguidade e da origem de suas fortunas. Parte deles é herdeira de uma riqueza transmitida por várias gerações, podendo ser identificada com uma fração da aristocracia ainda muito rica.* Os aristocratas que me concederam entrevistas possuem diversas propriedades na França, entre as quais ao menos uma residência em Paris ou na periferia oeste parisiense e outra em alguma região do país. Essas mulheres e homens exercem profissões bem remuneradas, são advogados, médicos, empresários ou altos funcionários públicos. Também me voltei a fortunas contemporâneas, que se tornaram milionárias há no máximo uma geração e ocupam cargos altamente remunerados no comércio ou nas finanças.** Essas novas fortunas (de nacionalidade francesa, americana, inglesa, suíça, russa, ou com dupla nacionalidade) possuem várias residências na França e no exterior. Elas se caracterizam por uma grande mobilidade internacional e profissional, mas também familiar e turística.[12]

Apesar de suas diferenças, todas essas grandes fortunas têm em comum um vasto patrimônio, altos rendimentos e serviçais. Salvo raras exceções, todas são originárias de países do Norte global e pertencem às elites "ocidentais" e brancas, sendo a fração aristocrática enraizada na França e a outra, das novas fortunas, vivendo entre a França e o exterior.

---

* Cerca de 41% dos detentores de grandes fortunas entrevistados são oriundos da aristocracia.

** Esses novos-ricos representam 59% dos entrevistados.

Os aristocratas entrevistados mantêm vínculos transnacionais com outros membros da aristocracia europeia e americana, especialmente por meio do trabalho, de casamentos mistos entre suas famílias ou de círculos sociais transnacionais. As novas fortunas internacionalizadas também participam das sociabilidades da burguesia francesa. Antigas e novas fortunas circulam em espaços sociais nacionais e transnacionais, cuja articulação, especialmente facilitada por casamentos interclasses, dá origem a práticas e representações comuns que reforçam o poder que elas exercem enquanto classe dominante relativamente unificada.[13]

Ao lado delas estão as serviçais, outras protagonistas centrais de minha pesquisa. Conheci a maioria delas nas casas de seus patrões.[*] Isso me permitia apreender o universo dos super-ricos do ponto de vista de pessoas que frequentam suas casas sem realmente pertencer a elas. Os traços de sua presença estão quase ausentes de salões e varandas: uniformes, panos de prato, produtos de limpeza, rádios portáteis, pulseiras, chaveiros, livros de orações ou pequenas bugigangas deixadas em um balcão ou estante dividem timidamente espaço com o mármore, os dourados, os quadros e as taças de cristal dos ricos. Apesar desses indícios, as serviçais parecem ausentes, a não ser quando entramos nas cozinhas, nas despensas ou nos porões, espaços que elas ocupam muito mais do que os empregadores; em seus quartos, onde longas entrevistas podem ser realizadas sem receio de serem ouvidas; em suas quitinetes, ou até em suas casas, nos casos mais raros em que possuem uma.

---

* Os momentos que passei com as serviçais ultrapassou amplamente o tempo das entrevistas gravadas, inclusive à distância, o que ajudou a criar um vínculo de confiança.

Ao contar suas trajetórias e rotinas, elas me revelaram seu mundo: objetos que remetem a seus países de origem, fotos de maridos e filhos deixados para trás, pilhas de roupas esperando para serem lavadas, estojos de maquiagem quase nunca usados, revistas lidas só até a segunda página. Às vezes conheci seus filhos e cônjuges, que também me falavam dos "patrões" com uma mistura de gratidão e amargura. Em algumas ocasiões, fiz compras junto com elas, acompanhei-as à igreja ou à mesquita, à saída da escola, à praça, a restaurantes de bairro, momentos tão intensos quanto breves, já que as serviçais quase não têm tempo para si. Algumas tentam manter vínculos familiares e de amizade para além dos muros dourados do universo dos super-ricos, mas isso nunca é fácil. Muitas são oriundas de ondas migratórias sucessivas, com baixa escolaridade, vindas das classes populares, e enfrentam dificuldades para conseguir um emprego estável. No entanto, o serviço doméstico na casa dos ricos tem a particularidade de ser numeroso e hierarquizado. Também encontramos perfis menos comuns em outros serviços a domicílio: conversei com serviçais brancas, homens, pessoas com diplomas e experiências profissionais estáveis nos setores de alimentação, hotelaria, luxo e gestão. Em minha pesquisa de campo, as clivagens sociais não marcam apenas a distância entre patrões e serviçais, mas também entre as próprias trabalhadoras, de modo que a experiência delas é marcada por uma solidão e uma espécie de fragmentação que contrastam com a maneira como os ricos, ao lado delas, parecem um grupo coeso e seguro de si.

As hierarquias e relações de dominação que se entrecruzam entre patrões e serviçais, assim como dentro do próprio grupo de empregados, se evidenciavam ainda mais quando eu tinha acesso ao espaço onde tudo se desenrolava: a casa dos super-ricos. Além de recolher todos os indícios significativos durante as entrevistas, aprofundei minha pesquisa com duas experiências de trabalho como *nanny* e ajudante de cozinha em regime parcial, integrando equipes de empregados em tempo integral. A observação participante permite perceber detalhes relevantes e dinâmicas relacionais impossíveis de captar de fora, como mostram os estudos da socióloga Christelle Avril sobre assistentes domiciliares de pessoas dependentes.[14]

A primeira família que servi foi a de Catherine, filha de Geneviève, que me ligou dois dias depois da entrevista com a qual este livro se inicia, confirmando minha contratação. Trabalhei para ela em Paris durante um ano, ao lado de cinco serviçais, por algumas horas todas as noites, depois que as crianças voltavam da escola. Também acompanhei meus empregadores até sua casa na China por dois meses, trabalhando em tempo integral com outros seis serviçais residentes, quase como uma *au pair*. Depois, trabalhei para outra família, a de Margaret, Philippe e seus quatro filhos, por quatro meses, várias horas por dia e por alguns finais de semana, ao lado de duas serviçais. Eu cuidava dos deveres escolares das crianças, de parte de suas roupas, acompanhava-as em passeios e preparava o jantar da família. Minhas experiências anteriores de cuidadora de crianças de todas as idades, animadora de festas de aniversário e de atividades de férias, assim como meu pronunciado gosto por cozinha, esportes e atividades manuais, me ajudaram bastante a cumprir essas tarefas. Por outro lado, eu nunca havia trabalhado em equipe dentro da casa dos meus empregadores e precisei aprender, a duras penas, as regras de convivência que justamente investigava.

Essa imersão me deu acesso a palavras, interações, tensões e emoções que não se manifestam nas entrevistas.

Apesar de minha condição um pouco particular de empregada-estudante em tempo parcial, pude perceber como o trabalho em equipe produz tanto conflitos quanto solidariedades. Observei inúmeras ambivalências que caracterizam a relação de serviço entre os ricos e seus serviçais. A proximidade dos corpos, ainda que entrecortada pelo trabalho, pelas viagens, pelos deslocamentos profissionais e pelo lazer dos super-ricos, é contínua em um espaço doméstico marcado pela intimidade, pelo segredo, pela dádiva e por relações *supostamente* desinteressadas.[15] O serviço doméstico se caracteriza, assim, por introduzir a relação salarial em um espaço onde, a princípio, ela não seria esperada, ao contrário do que ocorre, por exemplo, em um trabalho de escritório, fábrica ou loja. Pude constatar o quanto, para que essa relação dê certo, os ricos a tornam uma questão coletiva, envolvendo toda a família e também a rede de amigos, a vizinhança e até os comerciantes locais, a fim de filtrar quem penetra na intimidade de seus lares.

A mecânica da *exploração dourada*

Os super-ricos estão acostumados a ter um número significativo de funcionárias a seu dispor, que eles colocam na mesma categoria. Lembro-me do CEO de um grupo financeiro que, ao longo de uma entrevista realizada em seu escritório, me falava de "[seu] pessoal", grupo constituído pelos operários que restauravam seu castelo no interior, sua governanta, os funcionários do grupo financeiro sob suas ordens, a zeladora de seu prédio e seu encanador de confiança. Os super-ricos se posicionam como verdadeiros patrões da sociedade, como muitas pesquisas de campo já demonstraram.[16] A abundância de dinheiro permite expandir consideravelmente a gama de serviços e, nesse sentido, as serviçais são vistas pelos ricos como parte da classe servil mais ampla à qual eles podem exigir uma infinidade de tarefas. Mas os ricos se preocupam em manter a imagem de "bons patrões", ainda que possam ter a seu serviço quem quiserem, quando quiserem.

Este livro mostra que o principal motor do trabalho das serviçais é o que chamo de *exploração dourada*. Esse termo designa a lógica de supervalorização que consiste em comprar, por um preço muito elevado, sua dedicação ilimitada ao trabalho, uma espécie de "superpaternalismo" inédito em relação a épocas anteriores. Em troca do serviço, os super-ricos oferecem salário, moradia e cobertura de várias despesas. As vantagens em dinheiro e bens podem ser consideráveis: salários de oito mil euros, bonificações de várias centenas de euros, bolsas Chanel e sapatos Louboutin, relógios de luxo, consultas médicas com os melhores especialistas, mensalidades escolares em colégios particulares para os filhos... Quanto mais as serviçais trabalham e se mostram obedientes e fiéis, mais recompensas elas recebem. Comparadas a muitas outras trabalhadoras, as serviçais podem parecer ter uma situação material vantajosa – ainda mais considerando que, para a maioria, o serviço doméstico é uma alternativa ao desemprego, à extrema pobreza, ao racismo e ao sexismo estruturais. Trabalhar para os ricos oferece a essas mulheres algo a que elas dificilmente teriam acesso em outros contextos. Afinal, não é melhor servir aos ricos do que ser operária de fábrica, caixa de supermercado, garçonete ou recepcionista? Os empregos de serviços domésticos e de "limpeza", sejam eles em residências, empresas ou espaços públicos, oferecem condições de trabalho degradadas e uma imagem pouco valorizada: salários muito baixos, longos deslocamentos não remunerados, cansaço físico, saúde ameaçada, escasso reconhecimento político.[17] As mulheres que François Ruffin e Gilles Perret colocaram em cena no documentário *Debout les femmes!*, lançado em 2021, vivem, por exemplo, uma realidade muito diferente da *exploração dourada* das serviçais dos super-ricos.

A coabitação entre as serviçais e seus patrões pode então parecer salutar para todos. As atenções recíprocas, a compreensão mútua e os anos de convivência seriam indícios de uma coexistência pacífica possível entre dominantes e dominados, fora de qualquer instituição reguladora, benéfica para uns e outros? Essas empregadas vivem, à primeira vista, em um mundo à parte, ao lado dos ricos, com quem formam uma espécie de ecossistema perfeito. No entanto, por trás dessa máscara dourada, a exploração continua a todo vapor. Ela se esconde atrás de pequenos acordos e compensações materiais que nem sempre beneficiam a todas as serviçais, já que estão atrelados ao valor subjetivo que os ricos lhes atribuem. Ela também se baseia na entrega total dos corpos ao trabalho, o que subitamente remete à violência exercida por aqueles cujo dinheiro legitima o poder.

Os mecanismos de exploração postos em prática pelos ricos se baseiam em uma contradição, analisada ao longo deste livro: embora ofereçam possibilidades de ascensão social, às vezes meteóricas, às empregadas, os detentores de grandes fortunas preservam a todo custo a ordem social, bem como as hierarquias de gênero e de raça que estruturam amplamente a sociedade. O que os ricos fazem dentro de seus lares reflete um sistema liberal e capitalista contemporâneo que consolida as desigualdades sociais, raciais e de gênero sob a aparência de liberdades e sucessos individuais ilusórios. Eles estão dispostos a investir financeira, material e emocionalmente nas serviçais porque elas constituem um dos pilares da reprodução de um sistema em que os ricos quase sempre figuram como os grandes "vencedores".

Com seu dinheiro, os super-ricos compram o direito de exercer a dominação dentro de suas casas, sem distância, sem interrupção, moldando o corpo e o espírito de suas empregadas sob o pretexto de que elas são membros da família como os outros e, portanto, sujeitas às hierarquias de poder intrafamiliares. Esse direito de exercer a dominação na intimidade é ainda mais forte por não ser um fim em si mesmo nem uma questão individual, como demonstra a extensão das redes de relações interpessoais mobilizadas para encontrar as melhores serviçais. Ele constitui uma das bases sobre as quais se exerce o poder econômico e político dos ricos – cujo número, vale lembrar, não para de crescer.[18] Veremos, no entanto, que a exploração dourada nunca é absoluta, nem irremediável. Por meio do serviço doméstico, este livro interroga, portanto, as condições de estabilidade, mas também de fragilidade das fronteiras sociais, que não se reduzem a uma questão de desigualdades, sejam elas injustas ou merecidas.

Um universo de fácil acesso?

Patrões e serviçais costumam pintar um quadro muito suave de suas relações e, mais amplamente, do serviço doméstico. Tampouco surpreende que pessoas que desejam trabalhar a serviço dos ricos, almejando fazer carreira como serviçais e melhorar consideravelmente suas condições de vida, de conhecimento e de reconhecimento, alimentem esperanças dignas de um romance água-com-açúcar, onde só haveria "vencedores". Estamos longe dos crimes passionais e dos violentos revanchismos sociais retratados no romance *Canção de ninar*,[19] na peça *As Criadas*[20] ou nos filmes *Mulheres diabólicas* e *Parasita*. Nessas obras, os empregados acabam matando seus patrões ou os filhos deles, ato violento que cristaliza seus rancores e expressa uma vingança social.[21] Não encontrei nada disso em minha pesquisa de campo: o que me dizem e me mostram, o que observo e escuto, parece excluir a violência e o ressentimento. As belas histórias de partilha entre patrões e empregados, de carreiras exitosas, de pobreza transformada em riqueza e de sonhos que se tornaram realidade são uma constante nos relatos dos serviçais e dos multimilionários que os empregam.

Antes de ir a campo, pensei que enfrentaria muito mais obstáculos e resistências: os ricos aceitariam falar de suas serviçais à jovem socióloga que batia a suas portas? As serviçais me permitiriam compartilhar o segredo das casas onde trabalhavam? Nada disso parecia óbvio. Os ricos são conhecidos por privatizar seus espaços, controlar o acesso a eles e escolher a quem concedem o privilégio de participar de sua esfera privada.[22] A casa, como tudo o que diz respeito à família de forma mais ampla, pertence ao âmbito do íntimo, do confidencial, e eu temia não ter acesso a ela. Eu também previa a desconfiança dos patrões e a incompreensão das empregadas diante de minha pesquisa. Pensava que os primeiros suspeitariam que eu quisesse controlar ou julgar o tratamento e as condições de trabalho das serviçais, e que as segundas teriam medo de que eu repassasse seus relatos aos patrões. O serviço doméstico me parecia um tema potencialmente tabu e polêmico.

No fim, fui "relativamente" bem acolhida por ambos. Digo "relativamente" porque, no momento do primeiro contato, alguns patrões imaginavam que eu teria uma opinião negativa sobre suas práticas: "Por aqui tudo corre bem, sabe, as serviçais não são maltratadas!"; "Seu objetivo é tornar a lei ainda mais rígida?"; "Se for para fazer como os dois sociólogos comunistas [Monique e Michel Pinçon-Charlot] que nos criticam em seus livros, então não, obrigado!" Quando me deparava com esse tipo de comentário, eu tranquilizava meus interlocutores, ressaltando que minha pesquisa consistia em conhecer e compreender suas relações com as empregadas, e não em julgá-las. Diante de alguns patrões aristocratas inicialmente pouco convencidos, eu mencionava meu interesse pela dimensão histórica do serviço doméstico. Assim, conseguia convencer os menos entusiasmados, sem insistir junto àqueles que se mostravam muito agressivos ao telefone ou que não respondiam às minhas tentativas de contato. Entre as serviçais, a ausência de resposta era a única maneira que usavam para indicar que não queriam me ver. Quando me respondiam, era para dizer que estavam dispostas a falar de suas experiências, contanto que eu garantisse seu anonimato e não dissesse nada a seus patrões.*

Por essas razões, essencialmente éticas, nunca entrevistei binômios patrão-serviçal. Apesar das faltas de resposta e de alguns encontros desmarcados, e depois de contornadas certas resistências, consegui penetrar, e depois circular graças ao boca a boca, no universo dos super-ricos e das

---

* O grande medo das serviçais era que eu revelasse suas eventuais queixas e críticas, bem como o que elas relatassem sobre a vida dos ricos. Para dissipar esse medo e a inibição que ele poderia causar em suas falas, prometi a todas as pessoas que entrevistei que não contaria nada aos patrões, e que reproduziria suas falas de modo a que ninguém pudesse identificá-las. Fiz o mesmo pacto de confidencialidade com os super-ricos.

serviçais. Cometi erros e gafes. Por exemplo, enviei o mesmo e-mail de solicitação de entrevista a vários aristocratas, sem me referir nominalmente a eles por seus títulos e nomes de família. Falta de sorte: esses membros ou cônjuges de membros do Jockey Club, um círculo aristocrático de longa história e extremamente reservado,[23] conversaram entre si sobre meus pedidos de entrevista e se ofenderam com o que lhes pareceu uma falta de consideração. Ter escrito apenas "Senhora" ou "Senhor" para me dirigir a eles quase me fez perder contatos valiosos, passados a mim pela diretora do *Bottin mondain*,* que tentava me ajudar a penetrar nas esferas privadas aristocráticas.[24] Foi ela, mais do que minha carta de desculpas, que salvou a situação. Com as serviçais, também, errei várias vezes. Desconfortável por ficar sentada tomando notas enquanto elas falavam comigo e ao mesmo tempo cozinhavam ou limpavam, eu insistia em oferecer minha ajuda, ficando de pé. Um dia, uma delas me pôs no meu devido lugar, ordenando que eu ficasse sentada ouvindo o que ela tinha a dizer e aceitasse o chocolate quente que me oferecia. Fiquei profundamente envergonhada e nada orgulhosa de ter achado que me manter "ativa" tornaria a relação de pesquisa menos assimétrica. Depois desse episódio, deixei-me guiar muito mais pelas serviçais, compreendendo que recusar o papel de convidada podia ser visto como uma forma de desprezo. Esses ajustes constantes, passo a passo, possibilitaram minha grande viagem entre as classes sociais.

---

* Publicação anual francesa fundada em 1903, que funciona como um diretório da alta sociedade, reunindo genealogias, alianças familiares e endereços das principais famílias aristocráticas e burguesas da França. Tradicionalmente, sua presença indica prestígio e reconhecimento social. [N.T.]

O ofício de socióloga exige negociar e desbloquear o acesso a terrenos de pesquisa delicados à medida que compreendemos seus códigos e dinâmicas relacionais. A maneira como fazemos uso de nossa própria trajetória e de nossas características sociais tem grande impacto sobre o início e o andamento da pesquisa. Não sendo originária nem das classes populares nem da burguesia intelectual ou econômica, pertenço à categoria um tanto vaga chamada "classe média". Cresci na periferia norte de Paris, ao sul do Val-d'Oise, entre várias cidades com bairros residenciais, conjuntos habitacionais, grandes zonas industriais, florestas e campos.[25] Meus pais são proprietários de uma casa e ocupam profissões "intermediárias" na área paramédica: minha mãe é enfermeira nos subúrbios e meu pai é fisioterapeuta autônomo no norte do 18º *arrondissement* de Paris. Estudei em escola pública e convivi com filhos de operários e de médicos, filhos de imigrantes e de famílias sem histórico migratório, crianças negras e brancas, muçulmanas, judias, budistas, testemunhas de Jeová, católicas e ateias. Também convivi com essa diversidade social, cultural e religiosa fora da escola, junto aos amigos dos meus pais, alguns pedreiros, mecânicos e faxineiras imigrantes portugueses, italianos e espanhóis, outros caminhoneiros, enfermeiras, vendedores, e, mais raramente, desenhistas industriais ou médicos, franceses não imigrantes. Ser uma garota branca, nascida em uma família sem religião, sem partido político, sem identidade reivindicada, me despertou o gosto pelos outros, que eu sempre achava extraordinários.

Em casa, tínhamos alguns romances policiais, os romances clássicos exigidos pela escola, revistas de TV, muitas bonecas Barbie, um grande balanço e bastante material esportivo. Embora meus pais não tivessem muita familiaridade com a cultura legítima, sempre demonstraram curiosidade e "boa vontade cultural".[26] Eu e minha irmã, que hoje é educadora especial, tínhamos que assistir ao jornal das 20 horas para nos "cultivar", éramos assinantes de jornais e revistas infantis, e às vezes íamos a Paris visitar um museu. Meu pai ganhava bem, o que nos permitia fazer muitas atividades extracurriculares, viajar em família para lugares distantes e frequentar restaurantes. Para nós, a escola era o lugar de aprender a cultura legítima, o esporte era um meio de "se superar"[27] e as artes plásticas, um momento de "relaxar". Meus pais investiram em duas quitinetes no 13º *arrondissement*, que minha irmã e eu ocupamos durante nossos estudos. Antes disso, para evitar o liceu perto de nossa casa, que tinha má reputação, frequentei um liceu privado subvencionado e de bom nível.

Nesse liceu no Val-d'Oise, havia outras crianças "como eu", que vinham de escolas públicas, de famílias da classe média intermediária, e outras que eu via como "verdadeiros" burgueses ricos. Fiquei chocada de me deparar exclusivamente com alunos e professores brancos. Descobri que a escola era cúmplice da segregação racial. Outro choque foi conhecer pela primeira vez crianças da aristocracia sem dinheiro. Fiz amizade com a filha de um oficial militar e de uma dona de casa, caçula de cinco irmãos, que tratava seus pais de senhor e senhora. Ela me ensinou que a palavra "rallye" não designava apenas uma corrida de automóveis e me mostrou os vestidos de mangas compridas que usava nessas ocasiões.* Essas amizades de liceu, e mais tarde as que fiz na École Normale Supérieure (ENS) e na Sciences

* Um rallye é uma festa social para jovens organizada entre as classes ricas, em que o traje de gala é obrigatório. [N.T.]

Po com a burguesia cultural, me ensinaram a lidar com diferentes códigos sociais. Durante meus estudos superiores em ciências sociais, eu passava horas lendo, escrevendo, estudando e, paralelamente, trabalhava como baby-sitter no 16º *arrondissement*, na casa de uma família rica que tinha vários serviçais em tempo integral. Foi lá que descobri a existência do serviço doméstico. Quando contei a meus pais como essa família vivia, descobri que uma amiga deles era criada faz-tudo dos ricos. Ela foi uma das pessoas que, alguns anos depois, me abriu o caminho para o contato com outras serviçais.

Essa viagem entre Paris e sua periferia, entre minha família, meus amigos de infância e meus círculos de sociabilidade estudantil e profissional me obrigou a adaptar constantemente minha maneira de ser, parecer, pensar, falar e me portar. Para a pesquisa sociológica, isso me ajudou muito a navegar entre polos opostos do espaço social. Eu me valia de meus títulos universitários e do fato de ser francesa e branca para "impor respeito" diante dos dominantes,[28] ao mesmo tempo em que incorporava a discrição valorizada no papel social das mulheres daquele meio, facilitada, provavelmente, por meu pequeno porte.[29] Por outro lado, eu não falava muito dos meus diplomas com as serviçais, mas compartilhava com elas histórias das amigas de meus pais que eram faxineiras, minha experiência como baby-sitter, e adotava uma linguagem e atitude descontraídas, as mesmas que uso sem perceber quando volto à periferia. Embora minha condição social e minhas "origens francesas" me afastassem delas, eu me sentia confortável porque me considerava mais próxima. Nos tratávamos por "você", ríamos, elas choravam e eu as ouvia, tocada por suas palavras, que rememorava à noite. Construí com algumas serviçais cumplicidades duradouras. No fundo, tínhamos em comum a experiência de viajar entre os mundos sociais. Entre os ricos, eu era mimada, e ficava lisonjeada de ouvir elogios a minha trajetória acadêmica. Mas eu tinha a impressão de que a qualquer momento eles me acusariam de impostura: zombando de minha maneira de tomar café, descobrindo que eu conhecia pouco a história da França ou, no caso dos novos-ricos, me olhando de cima a baixo para detectar a marca das minhas roupas (sem marca...). Seja diante das antigas ou das novas fortunas, eu me sentia tanto esmagada quanto fascinada por suas riquezas, suas culturas, seus patrimônios, seus poderes econômicos e simbólicos. Os ricos conseguiam muito bem, mesmo estando atentos e interessados em minha pesquisa, fazer com que eu entendesse que eles estavam "acima". Aliás, não cheguei a manter o contato com nenhum deles.

Claro que as competências e as características dos sociólogos não resolvem tudo. Se fui bem recebida por patrões e serviçais, foi porque eles tinham coisas para me contar e mostrar. Meu interesse pelo serviço doméstico era para eles uma oportunidade de me apresentar todas as vantagens e os lados bons da coisa. Viver no paraíso, construir uma bela carreira, ser apoiada pelos ricos e fazer parte da família são elementos que contradizem um *a priori*: o de que as serviçais são miseráveis, maltratadas ou manipuladas pelos patrões, e de que o serviço doméstico é arcaico. Foi contra esse *a priori* que patrões e empregadas se posicionaram diante de mim. Eles pareciam formar um bloco que idealizava suas relações e defendia sua complementaridade. O sucesso social dos ricos dependeria das serviçais, e o das serviçais dependeria dos ricos. Paradoxalmente, isso reforça outro clichê que vê as serviçais como guardiãs dos seus patrões, como se elas aderissem totalmente a seus pensamentos e valores, como o mordomo Stevens, herói do romance *Os vestígios do dia*, de Kazuo Ishiguro.[30] Nesse romance, Stevens nunca ousa contrariar as ideias de seu patrão, lorde Darlington, a ponto de demitir sob suas ordens duas criadas judias, pouco antes da Segunda Guerra Mundial. Embora perturbado por esse ato e criticado por miss Kenton, a governanta que trabalha a seu lado, ele nunca ousará dizer o que pensa ao patrão.

O silêncio das serviçais faz parte do contrato que elas selam com seus patrões. Ele ajuda a manter o mistério em torno dos privilégios dos ricos e de seus modos de vida. A pesquisa sociológica permite justamente quebrar esse silêncio sobre a dominação de proximidade[31] entre patrões e serviçais, permitindo o acesso à intimidade das grandes casas e dos bairros nobres.

1

O sonho das serviçais

“Está conseguindo me ver? O sol está tão forte!” Na tela do meu computador, mal consigo distinguir o rosto de Marius, que gira o smartphone tentando achar o melhor ângulo de visão. Desde o início de nossa chamada pelo Skype, meu olhar, na verdade, está mais voltado para a paisagem a seu redor. Um sol forte, sem dúvida, mas sobretudo palmeiras, um guarda-sol multicolorido e, ao longe, o mar. Não qualquer mar: uma água azul-turquesa tocando uma areia amarelo-claro. “Nossa, o tempo está bonito onde vocês estão!”, digo a ele em inglês, sua língua de trabalho. Finalmente instalado à sombra do guarda-sol, Marius me encara e percebe, um pouco irônico, que eu estou de agasalho, enquanto ele está vestindo uma simples camiseta. “Como pode ver, esse é o mês de dezembro nas Seychelles!”, ele brinca.

Faz mais de dez anos que Marius não passa um dezembro no frio, na chuva ou na neve. Ele se acostumou aos invernos acima dos 25 graus e das guirlandas de Natal penduradas nas grades das piscinas externas, onde gosta de tomar champanhe “realmente muito caro”. Nova Caledônia, Ilhas Maurício, Saint-Barthélemy fazem parte de seus destinos mais recentes.

"Nada mal as Seychelles, mas não estão entre minhas preferidas", confessa, com a autoridade de um conhecedor. "De tanto viver no paraíso, a gente fica exigente!"

Quem acreditaria que um serviçal possa dizer que vive no paraíso? As palavras de Marius não têm nada de exageradas. Imigrante romeno pobre que chegou à França aos 18 anos, filho de um funcionário de mercearia e de uma faxineira, ele nunca teria imaginado passar o Natal de seus 55 anos com os pés no Oceano Índico. Ele nunca havia sonhado com esse paraíso enquanto fazia bicos mal pagos em canteiros de obras, enviava suas magras economias para a esposa e dormia embaixo de pontes na Espanha, vivendo com o medo constante de ser deportado para a Romênia. Na primeira vez que viu o mar, não sentiu quase nada. Foi em Creta: tinha 23 anos e trabalhava todos os dias, incansavelmente, nas obras de um hotel de luxo. Naquela época, ter comida, cama e roupa lavada era para ele um privilégio, apesar do cansaço, do salário miserável e da falta de perspectivas profissionais. Hoje, ele ri ao lembrar de quanto sonhava em tomar banho nas piscinas que construía com suas próprias mãos. Esse sonho, no entanto, se realizou. Todas as manhãs, Marius mergulha na piscina ou no Oceano Índico. Ganhando 12 mil euros por mês, às vezes até 16 mil euros com as bonificações, ele também se permite, de vez em quando, uma garrafa de champanhe comprada pelo preço de um salário-mínimo francês. Enquanto conta em detalhes sua trajetória e sua vida atual, não deixa de expressar admiração e gratidão pelo patrão, um rico CEO do CAC 40,* a quem segue por toda parte. Assistente desse

---

* O CAC 40 (*Cotation Assistée en Continu*) é o principal índice da Bolsa de Paris, que reúne as 40 maiores empresas francesas de capital

homem, Marius organiza todas as suas viagens, gerencia suas agendas profissional e pessoal, e dirige toda uma equipe de serviçais. De certa forma, tem algo em comum com o patrão: a sensação de ter vencido na vida.

O quadro que Marius pinta em nosso primeiro encontro virtual ecoa certas conversas que tive ao longo de minha pesquisa. Outros serviçais como ele vivem essa ascensão social e essa vida luxuosa. Por mais singulares que sejam, suas histórias revelam o caráter fortuito e ao mesmo tempo salutar da entrada no universo dos ricos. Esses homens e mulheres se consideram sortudos por serem serviçais, descrevem um cotidiano maravilhoso, muito atraente, que explica em parte seu apego à profissão.

Viver no paraíso

A cada novo encontro, nunca deixo de ouvir da boca das serviçais palavras como "paraíso", "maravilhoso", "inacreditável", "sonho" ou ainda "sorte". Não chega a ser surpreendente. Na presença de sociólogos, muita gente pinta um retrato positivo de si mesmo e evita falar sobre o que poderia manchar essa imagem.[1] Essa apresentação de si visa "manter as aparências", preservando também a do interlocutor, para evitar constrangimentos na interação. Essa postura é uma maneira de as serviçais ordenarem e darem sentido a uma vida heteróclita, escolhendo um tom positivo que as ajuda a transformar a necessidade em virtude.[2] No entanto, a insistência com que idealizam suas trajetórias e vidas chama atenção. Não se trata de um discurso superficial. No início

---

aberto, servindo como referência do desempenho econômico do país. [N.T.]

da pesquisa, eu hesitava entre duas interpretações: ou elas tinham muito a esconder, ou viviam de fato no "paraíso". A resposta é ambivalente.

Esse paraíso é, acima de tudo, o lugar. Por servirem famílias que viajam com muita regularidade a trabalho e de férias, as serviçais transitam várias vezes por ano entre diferentes países, cidades e culturas. Aquelas que, como Marius, servem empregadores com fortunas recentes, chegam a se deslocar de continente em continente. Esses patrões, que ocupam cargos de traders, banqueiros de investimento, CEOs, altos executivos, magistrados ou negociantes de arte, têm em comum um modo de vida cosmopolita: vivem entre a França e outro país europeu ou americano e possuem várias propriedades pelo mundo, geralmente à beira-mar ou em ilhas. Os mais ricos, multimilionários ou bilionários, têm em cada uma de suas casas uma ou várias serviçais contratadas o ano todo. É o caso do patrão de Marius: ele emprega três em seu apartamento de Nova York, cinco em sua vila na Riviera Francesa e treze em sua propriedade nas Seychelles. Uma vez por ano, no Natal, todas as serviçais se reúnem nessas ilhas. Elas descobrem assim os lugares que os ricos ocupam e privatizam exclusivamente entre eles. Embora estejam a seu serviço, as serviçais têm o privilégio de penetrar nesses enclaves luxuosos que se tornaram bastiões de famílias multimilionárias internacionalizadas.[3]

Viver no paraíso também significa para as serviçais, portanto, conviver diariamente com pessoas que elas percebem como acima delas. A superioridade dos patrões se deve a vários elementos: riqueza, posição socioprofissional, possibilidade de viver de rendas e de heranças sem trabalhar, se necessário. Mas também, mais amplamente, a autoridade que emana de seu status, de seus gostos. Esses dois últimos elementos são bem explicitados por Fatou, mulher francesa de 36 anos, casada com um mecânico e mãe de cinco filhos. Nascida no Mali, filha de um pequeno comerciante e de uma dona de casa de poucos recursos, ela chegou à França aos 13 anos. Com um diploma de auxiliar domiciliar, hoje ela é "criada faz-tudo" em uma cidade muito rica da periferia oeste de Paris, onde vou a seu encontro, na casa dos patrões.

> – Faz quase um ano que trabalho para eles, mas é verdade que... ainda não consigo acreditar direito que trabalho para pessoas tão importantes. Que têm dinheiro, quero dizer, e que têm títulos.
> – *Títulos?*
> – Sim, eles são da nobreza, sim. Tem um conde, sabe, às vezes ele se faz chamar de Senhor Conde, e a esposa, Senhora Condessa. Mas nem parece, enfim, eles têm uma casa grande, [...] mas lá dentro não é... eu pensava que ia ter muito... não sei [*ela ri*] ouro, e... coisas que fazem parecer rico, sabe? Mas na verdade é muito simples. É... como se diz, um estilo clássico, sim. Mas é um clássico que custa caro. Muito caro, e isso eu já percebi porque a patroa me dizia que alguns objetos são muito preciosos e que não devo quebrar, e também eu olhava e procurava as coisas na internet, para ver, e vi que às vezes são muito caras. E também tem coisas raras, que não se encontram em outros lugares. Por exemplo, eles têm uma prataria que data de... dos anos de... de muitos anos atrás, e com as iniciais deles gravadas. Isso mostra que, realmente, é uma bela família. Para mim, é impressionante. Me deixa um pouco tímida.

Quando converso com Fatou, estamos na sala do grande pavilhão de seus patrões, que pertencem à alta nobreza francesa. Ela está ao serviço deles há apenas um ano, daí a mistura de fascínio e intimidação que diz sentir. Naquele dia, a sala é o único cômodo, além da cozinha, que visito. Sem conseguir me receber no pequeno apartamento onde moram seus filhos e seu marido, ela me propôs que conversássemos na casa dos patrões, na ausência deles, com a condição de permanecermos na sala e de eu não divulgar nem o endereço nem a identidade dos dois. Encontrar um lugar e um horário propícios para conversar com as serviçais é um desafio. Elas trabalham muito. Como Fatou, três em cada quatro serviçais que entrevistei têm quarto na casa dos patrões, um quitinete na propriedade ou moram em uma rua vizinha. Essa proximidade com os empregadores reduz muito o tempo livre das serviçais. Ao mesmo tempo, facilita a pesquisa, pois elas permanecem, dia e noite, no mesmo lugar. Essa situação é uma oportunidade: ao me encontrar com elas na casa dos patrões, tenho acesso a seu local de trabalho, a seu ambiente de vida e ao dos super-ricos. Insisto, embora nem sempre consiga convencê-las, com esse encontro *in loco*. Meu objetivo não é colocá-las em uma posição difícil perante os patrões. As serviçais mais reticentes propõem conversar em um parque, um café, nos bancos de uma igreja ou por telefone. As que confiam em mim me recebem na casa dos patrões, na ausência deles. Pedem permissão para isso, como Fatou. As mais confiantes, com muita experiência e que trabalham há muito tempo para os mesmos patrões, não pedem nada. Em todos os casos, as serviçais estabelecem seus limites, respeito o segredo das casas onde me recebem e fico atenta ao que sentem durante nosso encontro. Enquanto fala, Fatou pede desculpas várias vezes por não poder me mostrar toda a casa. Depois de duas horas e meia de conversa, não insisto. Os patrões voltam em uma hora, ela precisa voltar ao trabalho e se recompor das emoções que sentiu ao falar de seu cotidiano.

Ao contrário do patrão de Marius, os de Fatou herdaram uma fortuna construída ao longo de muitas gerações, que lhes permite, entre outras coisas, manter um grande castelo. Durante a entrevista, uma velha litografia desse castelo se destaca na parede acima de nós, em meio a uma galeria de retratos dos antepassados do patrão. "Às vezes acho que estou no Louvre", ela brinca. Sem querer, percebo em suas palavras sinais que indicam que ela já se apropriou desse pequeno museu privado: a expressão "bela família" vem da linguagem aristocrática, designando ao mesmo tempo a estética, a riqueza e o prestígio social dos patrões. Os sociólogos Michel Pinçon e Monique Pinçon-Charlot mostraram o que significa a beleza na nobreza: uma "bela pessoa", um "belo bairro", uma "bela coisa" formam o "bom gosto" dos aristocratas.[4] A prataria, o estilo clássico e a sobriedade fazem parte desse gosto. Fatou se familiarizou com esse bom gosto, que no início não lhe parecia óbvio. Depois de um tempo, ela admite que as poltronas, os quadros, as lâmpadas, assim como os cardápios, os modos de se vestir, falar e os amigos dos patrões não são do seu gosto: "Não temos os mesmos gostos, mas sei que são pessoas boas", ela resume ao falar sobre os vizinhos dos patrões, que jantaram com eles na antevéspera.

As serviçais estão portanto convencidas de que o bom gosto de seus patrões é superior a todos os outros gostos. Isso não significa, porém, que elas apreciem as mesmas coisas que eles: é comum que tenham julgamentos negativos em relação aos móveis ou objetos de arte, ou que não compreendam nem a qualidade estética nem a utilidade desses itens. Mas quando isso acontece, elas pensam estar erradas.

A hierarquia que as serviçais estabelecem entre seu gosto e o de seus patrões ilustra a que ponto elas acabam aderindo, mesmo sem querer, ao gosto das classes dominantes, um sinal de violência simbólica.[5]

Finalmente, viver no paraíso é também possuir um pouco do dinheiro que nele circula. Nem todas as serviçais ganham o salário mensal de Marius, mas é comum ganhar entre 2 mil e 3.500 euros quando se é *nanny*, cozinheira, motorista e até mesmo "criada faz-tudo" ou lavadeira experiente. Isso é mais do que o salário médio francês, que gira em torno de 1.790 euros. Além disso, as serviçais quase sempre recebem benefícios em espécie. Onde trabalha atualmente, Fatou ganha 2.200 euros por mês, mais um bônus anual de 600 euros no Natal. Ela tem direito a comida, cama e roupa lavada durante toda a semana. Um mês antes do nosso encontro, seus patrões lhe deram três dias de férias nos Alpes – ela nunca havia ido às montanhas. Sempre que ela ou seus filhos têm despesas médicas, seus empregadores as cobrem. Assim, ela pôde considerar receber cuidados dentários, que até então vinha adiando por falta de recursos. Quando os patrões viajam sem ela, eles sempre voltam com pequenos presentes. Durante a entrevista, aliás, ela aproveita para abrir uma caixa de chá verde que eles lhe trouxeram do Japão, contendo um dos *sencha* mais renomados do mundo. Além disso, várias vezes por mês ela recebe roupas e acessórios dos quais a patroa e a filha, de 21 anos, decidem se desfazer. Ela os guarda em uma prateleira separada no armário de seu quarto. Cerca de dez blusas estão dobradas ali, ao lado de três lenços de seda empilhados dentro de uma pequena caixa de tecido. Ela os mostra com muita delicadeza, suas precauções sugerindo o valor emocional desses "presentes preciosos", como ela diz. Muitas serviçais, como ela, elogiam a generosidade das pessoas que elas servem. Esses presentes valorizam seu trabalho e contribuem para manter um forte sentimento de gratidão para com aqueles que lhes oferecem mais do que um salário: uma vida de sonho.

Para Fatou, esses presentes expressam, acima de tudo, a satisfação de seus patrões, que querem recompensá-la por tudo o que ela faz por eles. Oferecer presentes às serviçais e conceder-lhes benefícios extras (como a moradia) não é algo exclusivo dos empregadores muito ricos, nem das serviçais francesas; tampouco é uma tendência recente. A socióloga Judith Rollins, que pesquisou na década de 1980 as relações entre faxineiras negras e patroas brancas das classes médias americanas, destacou o quanto essa prática é comum.[6] Em muitos contextos, os presentes e a moradia servem até mesmo como argumento para os patrões reduzirem o salário das serviçais, como pôde constatar Dominique Vidal em suas pesquisas sobre as domésticas do Rio de Janeiro nos anos 2000.[7] Em contrapartida, o que caracteriza os benefícios extras concedidos pelos multimilionários às serviçais é seu valor econômico e sua frequência. Entre a cobertura de despesas médicas, moradia, alimentação e férias, os presentes recebidos, o salário e as bonificações, as serviçais têm uma situação particularmente privilegiada nos aspectos financeiro e material. É de se ficar boquiaberto diante do que alguns ricos oferecem: bolsas de mão e joias de luxo, estadias em palácios, massagens, operações médicas onerosas, dinheiro para a família das serviçais e até, às vezes, scooters e carros. Essas despesas são insignificantes diante de suas fortunas. Mas para as serviçais, que usufruem desses presentes ou os repassam a terceiros, e às vezes até os revendem, isso representa muito dinheiro.

Viver no paraíso, portanto, não é apenas ver dinheiro e coisas belas, é também tê-los para si. É isso que torna o trabalho doméstico tão atraente quando ele consiste em servir aos ricos, e não às classes médias ou pessoas pobres. Marius largou o emprego de operário para ser o empregado particular do investidor do hotel de luxo que ele estava ajudando a construir em Creta, em troca de uma série de vantagens. Nenhum outro emprego acessível a ele teria oferecido tanto. Há quinze anos, Fatou pediu demissão do emprego de caixa para entrar a serviço de uma grande família que morava no 16º *arrondissement* de Paris, porque lhe prometeram um salário muito maior e uma moradia gratuita, confortável e situada nos bairros nobres.

Construir uma bela carreira

Quando contam como começaram a servir aos ricos, as serviçais confessam que foram em primeiro lugar atraídas pelo "dinheiro a ganhar", como diz uma delas. E, de fato, os ganhos possíveis nesse universo são muito mais variados do que em outros caminhos profissionais. Em outros lugares, as serviçais estão condenadas a empregos mal pagos, instáveis, sem possibilidade de ascensão social, e a multiplicar as idas e vindas entre vários setores profissionais. Na França, as serviçais trabalham majoritariamente em tempo parcial, em empregos "picados", ou seja, divididos em horas de trabalho na casa de diferentes patrões.[8] Elas consideram esses empregos como transitórios, não pensam em ser serviçais a vida toda. Em contextos onde os postos em tempo integral na casa de um único patrão são mais comuns e ocupados por pessoas socialmente desfavorecidas durante boa parte da vida, as carreiras não são mais valorizadas por isso. Na Costa do Marfim, por exemplo, as meninas pequenas já entram a serviço das classes médias de Abidjan, com perspectivas profissionais muito limitadas, tanto dentro quanto fora do trabalho doméstico.[9] As serviçais dos multimilionários, ao contrário, têm possibilidades concretas de promoção, às vezes espetaculares. Elas podem subir de cargo ou se especializar à medida que acumulam experiência.

O caso de Violette ilustra bem isso. Violette tem 36 anos, como Fatou. Ela é francesa, filha de um pai operário e de uma mãe funcionária de caixa, tem um certificado de aptidão profissional (CAP) em estética e é mãe de dois filhos. Ela trabalha como camareira na casa de um trader e de uma criadora de chapéus na periferia oeste de Paris. Conversamos tomando café no Oise (periferia norte de Paris), onde o marido dela, encanador, tem fortes laços familiares e de amizade. Faz oito anos que Violette serve os ricos e considera já ter construído uma bela carreira. Esteticista, faxineira e depois camareira, tudo aconteceu muito rápido para ela:

> – Eu trabalhava com estética antes, e foi fazendo as unhas de uma senhora que eu via com muita frequência que as portas se abriram [*risos*]! Essa senhora tinha um castelo não muito longe... não um castelo do Vale do Loire, hein, mas quase [*risos*]. Ela morava em Paris e me perguntou se eu tinha algum vínculo na região. Na época sim, eu tinha um filho e meu marido. Ela me disse que eu poderia ganhar bem em Paris se fosse trabalhar para ela. No começo, não entendi, então ela me explicou. Ela me fez uma proposta: eu seria a faxineira da casa dela, todos os dias, e ela nos ajudaria a encontrar moradia para meu marido, meu filho e eu. E um emprego para o meu marido. Eram 2.300 euros.

Sem registro. Ou seja, sem impostos. Francamente, não pensamos muito. Eu não ganhava quase nada no salão, meu marido já não gostava do patrão, então fomos embora... bem rápido, na verdade. Foi meio que uma aventura! Eu fazia as unhas dela praticamente a cada dois dias. E ela me pedia para fazer a faxina... passar roupa também, tudo isso. Cozinhar. Na verdade, eu fazia um pouco de tudo.

– E quanto tempo você ficou com ela?

– Ah, acho que dois anos. Depois, tudo foi se encadeando. Ela se mudou para o Loire definitivamente, eu fiquei trabalhando em Paris para a filha dela. Lá, eu dirigia outra faxineira. [...] Me tornei conhecida no bairro. Trabalhei depois para a prima dela, porque a filha foi para a Riviera Francesa... eu era camareira dela. [...] Depois disso, continuei sendo camareira das outras patroas para quem trabalhei. Elas gostam do meu trabalho, eu trabalho bem e bastante. Talvez eu logo vire governanta!

Hoje, Violette ganha 5.600 euros por mês, sem contar as bonificações. Ela trabalha em equipe com uma criada faz-tudo, uma cozinheira e um motorista, que ela coordena. Ela espera poder um dia se tornar governanta, um dos mais altos cargos na hierarquia das serviçais. Já tem algumas perspectivas: entrar a serviço de um casal amigo de seus patrões na Riviera Francesa, que alguns meses antes de nossa entrevista lhe propôs ser governanta e liderar uma equipe de nove serviçais. Essa oferta de emprego revela uma das condições para a mobilidade profissional delas: ter uma rede de contatos. Em oito anos de serviço aos multimilionários, Violette tem uma agenda cheia: do zelador da escola particular de seus dois filhos ao dirigente de um grande iate-clube na Riviera Francesa, passando pelo florista preferido de seus patrões e também pelos amigos deles, gestores de fundos, negociantes de arte, CEOs e artistas. O capital de relações acumulado nos mundos da riqueza oferece às serviçais a possibilidade de conseguir cargos mais altos e mais bem remunerados do que os anteriores. Sempre que trocou de patrão, Violette subiu alguns degraus, e sua ascensão profissional veio acompanhada de salários e compensações materiais cada vez mais vantajosos.

A existência de cargos hierarquizados e especializados entre os ricos permite planejar uma carreira. Um sexto das serviçais que conheci servem seus patrões sozinhas, ou seja, são polivalentes. As outras trabalham em equipe dentro da mesma casa: quase 70% dessas têm entre uma e seis colegas. As 30% restantes têm entre sete e várias dezenas de colegas. Essa pluralidade no serviço doméstico explica uma divisão do trabalho que se acentua à medida que o número de serviçais cresce. Se algumas começam a carreira sendo polivalentes e geralmente responsáveis pela limpeza, outras começam como especialistas de uma tarefa bem específica. Na maioria das vezes, elas se aperfeiçoam e desenvolvem competências muito procuradas em uma área, a ponto de construírem uma carreira de motorista particular, *nanny* ou cozinheira, por exemplo.

A primeira vez que conversei longamente com Solal, cozinheiro particular, fiquei impressionada com sua trajetória e a reputação que adquiriu no bairro burguês de Paris onde trabalha. Conheci-o no pátio de uma mansão onde tinha acabado de entrevistar sua patroa; ele me convidou a acompanhá-lo à cozinha durante os preparativos, e começamos uma conversa que durou mais de três horas. Solal tem 34 anos, nasceu em Israel e vive na França desde os 8 anos. Seus pais, açougueiros, abriram ao chegar na França uma mercearia kosher na periferia norte de Paris, onde Solal trabalhava nos fins de semana quando estava no colégio. Hoje, ele cozinha há doze anos naquela mansão: começou como ajudante, depois virou chefe de uma brigada de quatro cozinheiros. Descreve a si mesmo como um simples pizzaiolo que teve a sorte de, um dia, ser contratado por aqueles riquíssimos aristocratas ingleses, proprietários de vários grandes vinhedos na França e no Reino Unido. Um de seus amigos à época era motorista de uma família vizinha. Foi ele que apresentou Solal ao mordomo dos atuais patrões. Mais uma vez, vê-se a força da rede de serviçais já contratados, que pode beneficiar diretamente seu círculo. Solal, por sua vez, já contratou um ajudante de cozinha. No futuro, ele pretende liderar uma brigada ainda maior: com a reputação que tem no bairro, acha que vai conseguir convencer seus patrões a "dar mais um passo adiante", como diz. Ele espera poder contar com o casamento da neta deles para mostrar do que seria capaz com uma equipe mais numerosa.

De tanto conhecer aristocratas do mesmo bairro dessa mansão, percebo que todos conhecem Solal, a maioria já tendo partilhado a mesa de seus patrões. Suas empregadas também o conhecem. Ele representa, aos olhos delas, um ideal de carreira e ascensão social. Para destacar as muitas vantagens de servir aos ricos, as serviçais frequentemente elegem a carreira de uma delas como modelo. As histórias sobre esses exemplos circulam em um perímetro restrito – bairro, prédio, cidade, até região –, são contadas a todas as recém-chegadas e contribuem para a *illusio* do trabalho doméstico,* que explica por que um serviçal tem grandes chances de

* Pierre Bourdieu formula o conceito de *illusio* a partir do exemplo dos universos artístico e intelectual, onde o que impulsiona a jogar no

"estar preso ao jogo, preso pelo jogo, acreditar que o jogo vale a pena".[10] Esse jogo, no serviço doméstico, se baseia em várias regras e ganhos, que serão abordados ao longo dos capítulos seguintes. Construir uma bela carreira é um desses ganhos e alimenta muitas fantasias, inclusive entre pessoas diplomadas já inseridas em uma profissão estável e bem remunerada. Entre os cozinheiros particulares, há antigos garçons e cozinheiros de restaurantes gastronômicos, antigos *traiteurs* e confeiteiros, com diplomas técnicos ou de escolas de culinária. Tornar-se cozinheiro dos ricos envolve não apenas uma vantagem econômica – eles ganham melhor –, mas também uma forma de prestígio. Suas habilidades são elogiadas e reconhecidas por pessoas que representam, aos seus olhos, o refinamento, ao qual sua cozinha contribui diretamente. Compreende-se que o trabalho doméstico constitui um caminho de ascensão para profissionais de outros setores, que validam suas competências por meio da aprovação dos ricos. Ao mesmo tempo, esses profissionais ajudam a reforçar a excelência social dos ricos.

O serviço doméstico também desperta grandes ambições entre pessoas diplomadas, que entram diretamente em cargos de mordomo, assistente pessoal ou governanta. Entre os serviçais que conheci, quase metade possui um diploma, que varia do curso técnico ao nível superior (mestrado). No total, quase um quarto tem diploma de graduação ou mestrado, obtido principalmente nas áreas de hotelaria e alimentação, gestão e comércio, e pedagogia. Isso pode parecer surpreendente quando se sabe que menos de uma pessoa em dez possui diploma superior ao de ensino médio

---

jogo é mais simbólico do que material (ser conhecido e reconhecido, defender valores).

no setor de serviços pessoais na França.[11] O universo dos multimilionários concentra, portanto, serviçais relativamente diplomadas, que entram a seu serviço com a esperança de construir uma carreira melhor do que em outros lugares.

Essa *illusio* do serviço doméstico é especialmente marcada entre serviçais oriundas das classes populares imigrantes. Ela alimenta as ilusões e o sonho de ascensão social que a migração para um país rico deveria prometer.[12] Ao contar suas trajetórias, essas serviçais destacam o orgulho de se vingar socialmente do trabalho duro que seus pais tiveram que suportar. De modo velado, lamentam o racismo estrutural da França, contrapondo-se ao estereótipo da imigrante "inútil" que não quer trabalhar[13]: nascidas fora da França ou de pais imigrantes, a maioria não branca, elas têm trajetórias que ilustram seus esforços, reconhecidos e consagrados pelos ricos.

"Meus patrões me engrandecem"

Uma carreira a serviço dos ricos se revela ainda mais atraente porque é construída junto a patrões abastados, capazes de ajudar seus serviçais a subir na vida. Repetidas vezes, Marius demonstra gratidão a seus patrões por lhe terem transmitido conhecimentos, habilidades e comportamentos que ele nunca teria aprendido de outra forma: falar um inglês quase perfeito, saber se vestir conforme as circunstâncias, adotar posturas, olhares apropriados e maneiras elegantes e, acima de tudo, poupar e investir seu dinheiro. Hoje, ele é proprietário de vários imóveis, incluindo um apartamento em Nova York, onde mora com sua esposa. Comprou o imóvel seguindo o conselho de seu patrão, que o visitou com ele e negociou o preço com um amigo diretor de uma agência imobiliária. Assim, Marius pôde se beneficiar da rede de contatos do patrão e se familiarizar com questões bem conhecidas dos super-ricos: administrar seu dinheiro, otimizar seus ganhos, fazer compras criteriosas, economizar, todos os elementos constitutivos de um estilo de vida que as serviçais aprendem com seus ricos empregadores.[14] Elas se inspiram no que os patrões fazem e lhes pedem conselhos, ainda que suas próprias receitas sejam, obviamente, muito menores.

Lembro-me de uma frase dita por Solal enquanto conversávamos em sua cozinha: "Meus patrões me engrandecem". Ela expressa o que muitas serviçais sentem ao conviver diariamente com multimilionários. Ao servir a comida, elas descobrem novos alimentos, novos pratos e novas regras nutricionais. Ao passar as roupas, ajudá-los a se vestir, ao tocar os tecidos sedosos das toalhas e lençóis, ao tirar as manchas dos bordados, as serviçais aprendem a reconhecer materiais de qualidade e a identificar o que é de bom gosto. Ao observar como seus patrões interagem com os outros, suas expressões faciais, a maneira como se cumprimentam, como se sentam, as serviçais aprendem uma série de códigos sociais que, por sua vez, permitem que elas se sintam à vontade em eventos sociais. Ao acompanhá-los a exposições, concertos, ao encomendar os livros que eles leem, ao assinar para eles a newsletter do teatro de ópera, ao tirar o pó de seus quadros, estátuas e vitrines, elas têm acesso às culturas históricas e artísticas dominantes. As serviçais também adquirem conhecimentos aprofundados em alguns domínios específicos, conforme as profissões de seus patrões: o andamento de uma cirurgia estética ou de uma audiência, as negociações de um projeto urbanístico ou plano de demissão, a preparação de um desfile de moda ou inauguração de uma fundação. Elas vivem, como que emprestada, a vida profissional de seus patrões e se impregnam dela, a ponto de terem um pouco a impressão de trabalhar *com* eles, e não mais *para* eles. Isso às vezes provoca confusões em entrevistas, como quando pergunto a Filipa o que ela estava fazendo antes de nosso encontro:

> – *Não se preocupe com o atraso... Você estava muito ocupada?*
> – Sim! Estávamos escolhendo a capa... escolha difícil! As fotos eram ótimas, a gente não conseguia decidir.
> – *A capa?*
> – Sim! O livro sai em algumas semanas e ainda não está... ainda não foi decidido.
> – *Mas você escolheu junto com sua patroa?*
> – Sim! Eu mostro as fotografias para ela, e ela me diz se gosta ou não, eu vou fazendo a seleção, depois tudo é organizado em pastas antes de ela sair. Mas hoje de manhã foi demorado porque a gente gostou de tudo!

O livro ao qual Filipa se refere é uma coletânea de poemas contemporâneos que será publicada pela editora onde sua patroa trabalha. Filipa é uma criada faz-tudo. Ela é argentina, tem 46 anos, é divorciada e mãe de três filhos. Seu pai, hoje falecido, era tintureiro, e sua mãe, embora idosa, ainda trabalha como lavadeira em casas de família na Argentina. Filipa responde à minha primeira pergunta em francês, embora eu tenha iniciado em espanhol. Prossigo em francês, depois volto ao espanhol para perguntar se ela escolheu a fotografia com sua patroa. Ingenuamente, pensei que ela tivesse confundido os pronomes "nós", "a gente", "ela" e "eu", até perceber que, mesmo em sua língua materna, ela se associa à escolha da patroa. Esse uso do "nós" e do "a gente" é muito comum entre as serviçais, que regularmente associam seus pensamentos e ações aos de seus patrões. Filipa, cuja patroa é diretora de arte, hoje tem uma cultura enciclopédica da história da fotografia e da edição. Em cinco anos de serviço para essa mulher muito culta, ela organizou todos os seus documentos e arquivou muitas edições antigas de livros e fotografias. Passou horas lendo obras da imensa biblioteca do escritório da patroa, enquanto a aguardava em reuniões, lançamentos ou sessões de autógrafos. No entanto, ela nunca tem voz nas decisões. A seleção da fotografia é um exemplo entre outros em que sua opinião não foi solicitada: cada uma mantém seu lugar nessa relação assimétrica. A ponto de Filipa viver a escolha da patroa como sua própria escolha: o "a gente" faz todo sentido quando ela me diz: "De qualquer forma, a gente tem os mesmos gostos, ela e eu".

Durante a pesquisa, as serviçais elogiam a generosidade de seus patrões. Faz parte de seu papel: mostrar que seus patrões são boas pessoas. Mas, por mais excessiva que pareça em suas falas, essa generosidade é delimitada por regras mais ou menos explícitas, que impõem fronteiras e limites que não devem ser ultrapassados. A patroa de Filipa nunca proibiu explicitamente que ela desse sua opinião sobre as fotografias de capa, mas Filipa sabe de antemão que não deve dizê-la, que deve apenas ouvir, contemplar, absorver e aprovar tudo o que sua patroa diz e transmite. As relações entre patrão e serviçal não se resumem a uma relação profissional clássica. Elas estão a meio caminho entre a de um professor com seus alunos e a de um pai com seus filhos. Elas têm uma dimensão socializadora, que alimenta outro aspecto da *illusio*: fazer parte de uma mesma família, apesar de não ser do mesmo mundo. Ao entrar para o serviço dos ricos, as serviçais ouvem que são membros da família. O dinheiro que ganham, os presentes que recebem, o quarto que ocupam, os livros que leem, a música que ouvem, a arte de pôr a mesa e a maneira de se vestir para servir um jantar social vêm dos comportamentos paternalistas de seus patrões. Estar sob as asas dos patrões alimenta sonhos que explicam a emoção com que se sentem em dívida para com eles. Os patrões, por sua vez, exercem assiduamente seu papel de mentores ou conselheiros, seja em matéria de dinheiro, códigos, valores ou gostos. Esse papel é particularmente evidente entre os aristocratas. Seus ancestrais, avós, pais e eles mesmos cresceram com serviçais, que sempre fizeram parte de suas vidas e famílias. Por isso, eles têm uma missão: tratar esses empregados quase como seus próprios filhos. Não é à toa que serviçais como Solal se sentem "engrandecidos" por seus patrões.

Durante minha pesquisa, conheci muitos patrões que afirmam que seu serviçal é "como seu próprio filho (ou filha)". A inclusão do empregado na família é o ponto no qual mais insistem. Às vezes eles antecipam minhas perguntas, como neste trecho de e-mail enviado por Françoise, aristocrata de 89 anos, em resposta a um pedido de entrevista:

> Coloco-me à sua disposição para sua pesquisa com grande prazer. Os serviçais são nossa herança, eles são nossa família. Sempre tive relações muito próximas com minhas governantas. Ficarei encantada de compartilhá-la com você.

Alguns dias depois desse e-mail, encontro Françoise em seu apartamento parisiense. Passamos a tarde falando de sua infância, de seu casamento com um oficial militar, de suas mudanças de residência, de suas férias e de seus filhos. Françoise era dona de casa, mas trabalhou alguns anos como secretária médica no consultório de um primo médico. Um parêntese em sua vida de mulher, incentivado pelo marido apesar das críticas das outras mulheres de seu meio. Françoise queria se sentir útil e conhecer o mundo do trabalho. Ela pôde trabalhar graças às duas serviçais que cuidavam de seus filhos em sua ausência. "Como minha mãe, sempre recebi ajuda em casa." Ela me mostra fotos onde estão alinhadas, em torno de sua mãe, os onze serviçais que trabalhavam no castelo de seus pais. Para cada um, Françoise lembra uma história. Havia Martine, a cozinheira, que lhe dava madalenas recém-saídas do forno às escondidas. Alphonse, o jardineiro, que havia construído uma cabaninha para ela e seus dois irmãos, no fundo do jardim. Ou Souleyman, um dos motoristas do pai, que de vez em quando a levava à escola, em dias de chuva. Enquanto ela folheia o álbum e eu pego em sua biblioteca os livros que me indica, Oksana, sua governanta, nos serve chá e vem regularmente perguntar se precisamos de algo. A cada vez, Françoise responde com um "Não, obrigada, minha filha".

Depois de trinta e três anos de vida em comum, Françoise considera Oksana, 59 anos, como sua própria filha. "Temos trinta anos de diferença, então ela poderia ser minha filha!" Françoise conta como lhe ensinou francês, em uma época em que Oksana só falava russo. Diz ter salvado sua vida: para evitar um casamento forçado, Oksana fugiu da Rússia e se refugiou na igreja que Françoise frequentava. Primeiro acolhida pelo padre, depois Françoise a hospedou em troca de serviços. Sempre pagou por suas roupas, consultas médicas e a levava junto ao sair de férias. Ao me contar anedotas dessas três décadas de vida em comum, Françoise repete que ama Oksana tanto como filha quanto como mãe. É uma "via de mão dupla", ela diz. Quando pequena, serviçais cuidaram dela, e mais tarde ela cuidou de seus próprios serviçais. Hoje, novamente, Oksana cuida dela: Françoise tem menos energia para ensinar e para dar "milhares de presentes", mas já sabe que, quando morrer, Oksana irá servir seu filho e seus netos. Eles cuidarão de Oksana e lhe garantirão uma "aposentadoria tranquila".

Esse tipo de relato não é novidade. Na França, por volta dos anos 1900, muitas jovens criadas rurais iam a Paris na esperança de entrar para o serviço de uma família que, em troca, pudesse educá-las e cuidar bem delas.[15] Hoje, embora as dinâmicas migratórias tenham mudado, o acolhimento de serviçais consideradas vulneráveis e pouco instruídas pelas patroas ainda é a norma. Os discursos e as práticas maternalistas têm a função de incluir as serviçais na família, cuidando delas e educando-as, como se fossem crianças que precisassem ser despertadas, acompanhadas e apoiadas. Em troca – obrigatória, o que torna essa troca muito desigual –, as serviçais devem cuidar de seus patrões, servi-los e satisfazer seus desejos. O que Françoise relata remete a uma lógica de dádiva e contradádiva muito comum no universo do serviço doméstico e, mais amplamente, nos serviços e cuidados profissionais a domicílio.[16] Ela sela um contrato, ao mesmo tempo oral e moral, assimétrico, mas que implica obrigações mútuas de cuidado.

Dizer que os serviçais são membros da família, mostrar que suas vidas foram salvas e que se é responsável por sua felicidade autoriza os ricos a serem servidos e a exercerem sua dominação. Isso contribui para a *illusio* do trabalho doméstico: a assimetria entre patrões e serviçais é compensada, e muitas vezes disfarçada, pelo fato de que os patrões falam e agem como benfeitores. Trata-se de uma forma de violência simbólica.[17] Oksana não é forçada, por violência física, a servir Françoise e sua família por toda a vida, mas está tacitamente obrigada a fazê-lo porque Françoise afirma que lhe salvou a vida. Dessa forma, os multimilionários conseguem, de maneira sutil e invisível, tornar suas serviçais devedoras.

2

O que querem os ricos

Paris, uma tarde de julho. Bruno chama Joseph, garçom do Jockey Club. Ele pede um chá e um suco de frutas, depois afunda em sua poltrona. "Aqui, sabe, é como nossa casa, somos bem servidos. É assim, para nós", ele me diz com ar satisfeito. O "nós" inclui os outros membros desse círculo social muito seleto* e, mais amplamente, aqueles que, como Bruno, pertencem à aristocracia francesa. Ele propôs que nos encontrássemos nesse lugar para que eu compreendesse "o que constitui a herança e a essência da aristocracia". Conversamos em um dos salões reservados aos convidados, aos quais as mulheres têm acesso. Para ser membro do Jockey Club, é preciso não apenas ser aristocrata, mas também homem. Até os garçons que vejo são homens. Para Bruno, essa é uma garantia de qualidade e seriedade. Ele vai várias vezes por mês ao imóvel que abriga o clube, perto da Champs-Élysées, para "cultivar boas relações". Ele gosta de discutir "coisas importantes" no clube, mas também de relaxar. O serviço

* Em 2015, o Jockey Club reúne 1.224 pessoas, das quais 1.023 são membros permanentes (números registrados no anuário daquele ano).

que recebe contribui muito para isso, pois representa, segundo ele, a "cultura aristocrática". Garçons como Joseph são discretos e atenciosos, educados e bem-apessoados, elegantes nas maneiras de falar e agir. "Tudo isso precisa continuar", diz Bruno, inclinando a cabeça para agradecer a Joseph, que acaba de colocar as bebidas à nossa frente. "É um belo lugar, não é mesmo, Joseph?", ele diz. Sem esperar a resposta, ele continua: "Joseph gosta muito da gente, e todos gostaríamos de ter Joseph só para nós!".

Na casa de Bruno, quem cuida do serviço há quinze anos é Maza, uma imigrante espanhola na casa dos 50 anos, vinda de uma família "bastante pobre", segundo ele, que chegou à França ao se tornar adulta. Ela também faz a limpeza, as compras, cozinha para ele, passa suas camisas, realiza encomendas e, às vezes, organiza seus arquivos de engenheiro automotivo. Ela dispõe de um quarto na casa dele. Bruno não tem esposa nem filhos, então, "alguém precisa cuidar de tudo e me fazer companhia!", ele brinca, no dia em que nos encontramos em seu apartamento no 13º *arrondissement* parisiense, herança de seu avô. Bruno trabalha o dia todo, às vezes nos fins de semana, e frequentemente se encontra com amigos ou colegas à noite para beber ou jantar. Ele não vê como poderia cuidar da casa e cozinhar com uma agenda tão cheia. Além disso, Bruno cresceu rodeado de serviçais durante a infância. Desde então, sempre teve alguém a seu serviço. "É assim, para nós", repete várias vezes. No Jockey Club e em sua casa, para ele, ser servido é algo natural. Ele fica triste, aliás, de ver que alguns membros já não têm condições financeiras de manter esse estilo de vida, ou abrem mão, por motivos variados, do que ele considera uma arte de viver própria da "cultura aristocrática". Milionário graças às suas múltiplas heranças familiares, ele valoriza seu padrão de vida. Pergunto se ele poderia abrir mão de Maza. Surpreso, ele pensa por alguns segundos e responde com um tom ao mesmo tempo seguro e espantado: "Ah, não, isso é impossível! E por que eu faria isso?".

Uma "necessidade" de serviçais

Desde o início do século XX na França, e de forma mais marcada no período entreguerras, o número de famílias que empregam serviçais em tempo integral vem caindo significativamente,[1] o que não impede que hoje um pequeno núcleo de pessoas muito ricas tenha a seu serviço uma ou mais serviçais. Entre elas, algumas dispõem de uma riqueza transmitida de geração em geração, como Bruno. De fato, apesar do empobrecimento da aristocracia, uma parte ainda detém muito dinheiro.[2] Outras acumularam riqueza mais recentemente, por exemplo ocupando cargos profissionais muito bem remunerados no comércio e nas finanças.[3] Como Bruno, os multimilionários que conheci não imaginam a vida sem serviçais. Os aristocratas elevam o emprego doméstico à categoria de cultura, e as novas fortunas o apresentam como um serviço merecido e indispensável.

Indiscutivelmente, é a grande riqueza de que dispõem que lhes confere o privilégio de ter serviçais. Os ricos têm plena consciência disso. Para eles, porém, ser servido é uma necessidade, e não uma comodidade. A primeira vez que um multimilionário me explicou que realmente precisava de serviçais e que não se tratava de um capricho, pensei que estivesse sendo irônico. Como levar a sério essa necessidade, se a maioria dos franceses vive sem serviçais? Aliás, se os historiadores chamaram a domesticidade dos nobres de domesticidade de aparato, foi para destacar que ela é acima de tudo comparável a um adorno e, no fundo, um acessório entre tantos outros que lhes serve sobretudo para brilhar na sociedade.[4] Ter ajuda em casa quando se é idoso, portador de deficiência ou dependente de terceiros é facilmente compreensível.[5] Em contrapartida, o olhar sociológico coloca em perspectiva o que parece evidente no fato de ser servido por vários serviçais quando se está física e mentalmente apto a realizar todas as tarefas delegadas a eles.

A recorrência da palavra "necessidade" na boca dos ricos chama a atenção. O que eles querem dizer com isso? Só tomei plena consciência de que algo importante está em jogo para eles no dia em que ouvi Margaret e Philippe, um casal de engenheiros franceses de duas famílias aristocráticas muito ricas de Paris, discutindo sobre a contratação de uma nova *nanny* para os quatro filhos. Eu trabalhava como ajudante de cozinha e baby-sitter em tempo parcial na casa deles, junto com outros dois serviçais em tempo integral, Manon, faxineira e lavadeira, e Patrick, motorista. Eu me candidatara ao cargo sem especificar que ele serviria para uma investigação direta na casa deles, mas havia apresentado minha pesquisa sobre o pessoal doméstico durante a entrevista. Para todos eles, eu era uma estudante tentando ganhar dinheiro. Mas eu queria realizar entrevistas gravadas e, principalmente, investigar abertamente para poder usar suas palavras e minhas observações com o consentimento deles. Margaret, Philippe, Manon, Patrick e as crianças acolheram esse projeto com um misto de bom-humor e desconfiança. Eles impuseram condições de anonimato e confidencialidade e participaram do processo. Naquele dia, Margaret estava dividida: queria contratar uma *nanny* em tempo integral para realizar minhas tarefas quando eu não estava presente, para que as crianças tivessem alguém para cuidar delas depois da escola e nos fins de semana. Mas, por outro lado, ela não tinha energia para procurar a "pérola rara" e se queixava para o marido de ter "gente demais no [seu] pé". Suas hesitações eram pontuadas por breves momentos de resignação a uma obrigação: oferecer o melhor para os filhos e perpetuar o que sua mãe sempre fizera, ou seja, contratar *nannies* para cuidar dela e dos irmãos. O "tem que ser" que ela repetia ao marido, passivo diante de suas dúvidas, soava como um imperativo que a recolocava nos trilhos.

No meu caso, esse "tem que ser" remete ao que encontrei nos arquivos de um movimento cristão, a Ação Católica dos Independentes (ACI), que na década de 1960 reunia mulheres e homens da burguesia e da aristocracia francesa. Em uma das caixas de documentos conservados no Centro Nacional de Arquivos da Igreja Francesa (CNAEF), há um relatório de investigação daquela época sobre os bens dos membros do movimento. Na categoria "bens materiais de conforto doméstico", encontramos o "serviço de pessoal doméstico", junto com a seguinte nota: "Existe uma certa escravidão imposta pelo meio, que leva à organização de grandes recepções que mascaram uma vida cotidiana muito limitada".[6] Na época, alguns aristocratas que eram membros do movimento mantinham serviçais por medo de não estarem à altura de seu status social, apesar de seu relativo empobrecimento. Essa obrigação de manter a posição social segue em vigor.[7] Entre os ricos que conheci, ao contrário, não existe falta de dinheiro. Às vezes, as mulheres se cansam, como Margaret, de ter gente demais em casa. Mas, muito rapidamente, sentem como ela a necessidade e a obrigação de serem servidas.

Uma posição a manter

"A pobreza começa, poderíamos dizer, onde não há criadas", escreve a historiadora Anne Martin-Fugier sobre o trabalho doméstico em Paris em 1900. Em 1852, as serviçais representavam 1/14 da população ativa, ou seja, uma serviçal para cada três operários.[8] Quase todo mundo tinha uma criada em casa, exceto os operários, os assalariados e os artistas sem dinheiro. Não era preciso ser muito rico para ter uma criada no final do século XIX, a função não custava caro. Hoje, é o contrário. A fratura social e econômica é evidente entre aqueles que podem pagar pelo serviço de empregadas e o resto da população que não pode. Ter serviçais separa os ricos dos demais imediatamente. Com suas serviçais, Margaret perpetua o legado e a tradição de sua família: seu nome, seu status social, seu estilo de vida, seus privilégios. Ela espera que suas filhas e seus filhos também vivam "cercados de bons empregados". Foi sua própria mãe que a ajudou a contratar suas primeiras serviçais, aliás, há mais de vinte anos. Uma vez, quando chegou do trabalho mais cedo do que o previsto, ela me contou um pouco de sua infância, bebendo uma xícara de chá enquanto eu preparava o jantar. Quando ela tinha 10 anos, sua mãe havia contratado um motorista. Margaret ia para a escola em um carro conversível, e todos os olhares se voltavam para ela. Ela ainda se lembra: "Todas as crianças eram de boas famílias, mas nem todos os pais tinham condições de ter um motorista". Era necessário "preservar uma certa reputação". É essa reputação que ela ainda se esforça em manter. Abrir mão do motorista seria decepcionar seus pais, que fizeram de tudo para que ela tivesse o mesmo padrão de vida que eles.

Para aristocratas como Margaret e Bruno, ter serviçais significa, portanto, não decair e afirmar seu pertencimento à "cultura aristocrática". Para os ricos de fortuna mais recente, as questões são um pouco diferentes: ter serviçais compõe todo o aparato de legitimidade junto aos outros milionários, um modo de mostrar que se conhece os códigos. Antes de manter um status social, os novos-ricos precisam alcançá-lo. É o que contam Karim e Katy. O casal mora em uma mansão no centro de Londres, com os dois filhos. Três serviçais em tempo integral trabalham para eles: uma criada faz-tudo para todas as funções e um motorista, ambos de origem marroquina e beirando os 40 anos, e uma *nanny* britânica de 25 anos, formada em uma *Nanny School* londrina. Karim é trader e sua esposa é executiva comercial de uma grande multinacional. Katy nasceu no norte da Inglaterra, de pais operários, e não cresceu com serviçais. Karim, por sua vez, nasceu de pais comerciantes em Agadir, e sua família, embora modesta, sempre teve uma criada a seu serviço, uma prima que limpava e cozinhava em troca de moradia, alimentação e educação. Karim e Katy se conheceram durante os estudos na Universidade de Oxford. Quando moraram juntos pela primeira vez, contrataram uma faxineira por algumas horas semanais. Depois, ao se mudarem depois do casamento para um bairro chique de Londres, decidiram contratar serviçais em tempo integral. Como seus vizinhos.

> – *Katy*: É verdade que, quando chegamos ao bairro, era estranho ver que todo mundo, realmente todo mundo, tinha pelo menos alguém, uma mulher, que trabalhava todos os dias da manhã à noite, ou que dormia na casa, para fazer... a limpeza, passar roupa, cozinhar, ajudar com pequenas coisas variadas... Eu as via no parque

do condomínio, durante as pausas, todas juntas, e logo entendi que não eram minhas vizinhas proprietárias, mas as criadas dos meus vizinhos!

– *Karim*: Sim... Eu fiquei menos surpreso que Katy, acho. No Marrocos, é comum ter uma criada. Eu mesmo tinha uma, como disse, embora meus pais não fossem... tão ricos quanto nossos amigos, nem mesmo quanto nós, longe disso. Mas lá, é assim que funciona.

– *Katy*: Sim, você, Karim, achava menos estranho que eu...

– *Karim*: Já quando tínhamos a Jenny [a antiga faxineira do casal], eu via que Katy ficava um pouco... abalada, porque ela não sabia muito bem como agir. Para mim, era mais normal. Mas quando chegamos no bairro, aí pensei: ok, vamos ter que garantir o nível... do *staff*, como se diz por aqui.

– *Garantir?*

– *Karim*: Com certeza. Estar à altura. Você sabe, quando se pertence a um certo mundo, no nosso caso o mundo das finanças, do comércio, dos negócios, tudo isso, você tem que ter empregados, é... é assim que funciona, é o padrão, você tem que morar num condomínio privado caro, com seguranças... seus filhos têm que estudar na escola mais chique e privada de Londres, você tem que comer... sei lá, salada que vem do Peru ou algo assim [...].

– *Katy*: Eu senti que não tinha escolha, que era uma forma de pressão... as outras mulheres, minhas vizinhas, que hoje são minhas amigas e colegas, me perguntavam se minha... se minha empregada era boa, se fazia bem o trabalho, que férias eu ia dar para ela... então, se você não está dentro disso, não pode participar dessas conversas, você fica...

– *Karim*: Dessocializado.

– *Katy*: Sim, isso mesmo!

– *Karim*: E também, claramente, duvidam do seu sucesso.

Para Katy e Karim, é impensável que os amigos (banqueiros, traders, executivos privados, advogados e médicos) duvidem de sua fortuna. Os serviçais fazem parte do "pacote", como Karim diz, rindo. Katy confessa ter dificuldade de se acostumar com a presença deles. Mas não importa, eles não acham que têm escolha. Do contrário, o que dizer quando os amigos falam dos problemas que enfrentam com os serviçais? Como ser visto como alguém respeitável se você mesmo não é capaz de ser servido ou respeitado?

Para fazer parte do grupo dos ricos, é preciso ter empregados. Mas o serviço doméstico separa e classifica. Separa os super-ricos dos outros, e distingue também os super-ricos entre si. "É como os carros. Tem aqueles que você tem que ter, no mínimo. Tem os grandes, os bons modelos, que colocam você um degrau acima. Depois tem as edições limitadas, o carro quase sob medida, e aí... bom, aí você está no topo, a gente sabe que na sua casa não se brinca", diz com humor Ludovic, empresário com três serviçais. O número de serviçais serve para medir o nível de fortuna dos outros e para se comparar.

Para Vincent, ter vários empregados em tempo integral passou a ser um "grande luxo". Aristocrata e maestro, ele costuma ser recebido na casa dos amigos por uma "armada de gente" e "mordomos de fraque". Ele se diverte com o "lado ostentação" dos amigos. Seus pais sempre lhe ensinaram a não exibir demais a riqueza e a encontrar um equilíbrio, para "mostrar que se tem dinheiro" e, ao mesmo tempo, "manter o mistério de quanto se tem realmente". Ele convive com pessoas que têm mais de uma dezena de serviçais apenas na casa principal. Considera que "eles exageram um pouco". Vincent critica o "bling-bling" dos amigos, os "emergentes", como os chama. Ele os conheceu no Interallié, outro círculo social parisiense, mais aberto aos novos-ricos do que o Jockey Club.[9] Os Rolex, os Lamborghini, as múltiplas bolsas Gucci e a dúzia de serviçais são coisas de novos-ricos. Assim, Vincent sabe, mesmo à distância, reconhecer os seus, os "aristocratas raiz", porque eles "não fazem alarde", como ele diz. Nos jantares do Interallié, ele se senta com eles. Os novos-ricos também comem entre si, mas em outras mesas. Vincent os frequenta no bar, no fim da noite, ou nos clubes de férias. São relações que o distraem, mas que não são propriamente dignas de seu nome, na sua opinião. Mesmo assim, ele tem interesse em cultivá-las, pois elas podem ser úteis para seu "business".

Esses novos-ricos às vezes são muito, muito ricos. Os conhecidos de Vincent são o que os economistas chamam de "ultrarricos",[10] os mais ricos dos ricos, que acumulam rendimentos do setor financeiro, lucros de atividades empresariais, patrimônios imobiliários e artísticos. Eles também se beneficiam das heranças dos aristocratas com os quais se aliam e, reciprocamente, os tornam beneficiários de suas fortunas, ou compram seus patrimônios.[11] Em média, são eles que têm mais propriedades e mais serviçais. Isso gera ressentimento em muitos aristocratas, que têm a impressão de que sua "cultura", da qual as serviçais são um pilar, está sendo roubada. Por isso suas zombarias sobre as empregadas dos ultrarricos: elas se vestiriam mal (de maneira antiquada ou indecente), mal-educadas, só pensariam em dinheiro, não seriam realmente dedicadas aos patrões. Em suma, essas "falsas" serviçais seriam um reflexo dos ultrarricos, descritos como pouco elegantes, de mau gosto, falsamente calorosos ou excessivamente distantes, e abusivos com seus funcionários. Para os aristocratas, esses ultrarricos podem ter tudo, mas continuam sendo impostores, que "não sabem lidar" com seus serviçais: eles contratam funcionários como compram carros antigos, com o simples objetivo de ostentar suas fortunas. Frente aos ultrarricos com recursos para manter um serviço doméstico múltiplo e diversificado, os aristocratas transformam esse privilégio em estigma social para desacreditá-los, expressando uma forma de desprezo de classe.[12]

Inversamente, os novos-ricos também zombam dos aristocratas. Joan, bilionário americano radicado na França, avisa já no primeiro contato telefônico que não vive no século XIX, ao contrário do "Senhor Conde" e da "Senhora Marquesa", apelidos que deu a duas pessoas com quem simpatizou durante sua última temporada de esqui em Megève. Ele os descreve como pessoas simpáticas, mas "passadas" e sovinas, com uma única serviçal "como eles", que os acompanhava para todo lado. "A mulher tinha 35 anos, mas parecia ter 55, com seu vestido longo de gola branca", ele diz, antes de exclamar com condescendência: "Como nos romances!".

Isso remete ao que os sociólogos Norbert Elias e Thorstein Veblen descreveram sobre o caráter distintivo e ostentatório do consumo de bens de luxo pelas classes aristocráticas.[13] Na verdade, novos-ricos e aristocratas se criticam mutuamente com base em estereótipos que não correspondem exatamente à realidade de suas práticas. Essas duas classes sociais são tanto rivais quanto cúmplices. Elas se parecem e também se distinguem, convivem e se evitam. O mordomo de fraque, prova máxima para Vincent da ostentação das grandes fortunas, é um exemplo que encontro nas falas de novos-ricos que usam essa figura para mostrar como os aristocratas são "cafonas". Durante minha pesquisa, vi apenas um mordomo de fraque, e isso em uma grande cerimônia organizada por uma condessa francesa que havia convidado uma centena de milionários com fortunas mais ou menos recentes. O fraque, o avental branco sobre o vestido preto, o chapéu e o paletó fazem parte de um vestuário que permanece raro. No dia a dia, a maioria das serviçais usa calças, camisetas e blusas escuras no inverno e mais claras no verão, e ternos, vestidos ou tailleurs em eventos sociais. Todos os patrões se preocupam com a elegância e a limpeza das empregadas, é difícil dizer à primeira vista qual serviçal trabalha para novos-ricos ou aristocratas. Os ricos não se distinguem entre si pelos trajes que suas serviçais usam. No entanto, eles avaliam a fortuna e o gosto uns dos outros pelo número de serviçais, sua idade, seu gênero, sua cor de pele, sua nacionalidade e várias outras características físicas como a cor dos cabelos, o sotaque, a corpulência.

A especialidade dos empregados também conta muito. Os mais ricos, que são também os que têm mais serviçais, podem se permitir contratar pessoas para cargos às vezes inusitados. É o caso de José, que é "guardião das roseiras", uma profissão inventada por seu patrão, Charles, um novo-rico que comprou um grande castelo, é apaixonado por rosas e o emprega em tempo integral para cuidar de seu enorme roseiral. José está encarregado até mesmo de tocar música para as roseiras e contar histórias para elas. No vilarejo onde fica o castelo, seu patrão é motivo de chacota e descrito como excêntrico, ao mesmo tempo que desperta inveja das outras grandes famílias ricas da região. "Eu só tenho um jardineiro comum, é verdade que é preciso ousar, que é arrojado ter um guardião das roseiras, eu o admiro, ele conseguiu ser o centro das atenções!", confidencia Marie-Hélène, uma vizinha aristocrata, a respeito de Charles.

O guardião das roseiras é, sem dúvida, o exemplo perfeito de um serviço doméstico aparentemente supérfluo. E, no entanto, ele mostra justamente o quanto é essencial, aos olhos dos super-ricos, se distinguir dos outros. Ter muito dinheiro é algo tão banal entre eles que é preciso encontrar maneiras de afirmar sua singularidade. O serviço doméstico, assim como outros privilégios, cristaliza lógicas de competição constantes porque fundamentais, na medida em que a reputação determina relações e alianças. Na época em que conheci José, seu patrão estava envolvido em um projeto de exportação de flores de luxo, especialmente rosas, para um grande país da Ásia. Uma equipe de jornalistas foi até sua casa para entrevistar José. Durante essa entrevista, a que assisti, Charles prometeu que as rosas seriam cultivadas na França e cuidadas por guardiões das roseiras como José, para que ficassem ainda mais belas e perfumadas. Aliás, várias de suas amigas abastadas, encantadas com o projeto, se posicionaram como futuras investidoras. José, por sua vez, seria encarregado de formar os novos guardiões das roseiras. Com a promessa de uma bonificação de vários milhares de euros.

Tempo é dinheiro

Charles pode investir em rosas de luxo porque tem recursos, sem dúvida, mas sobretudo porque seu dinheiro permite que ele tenha a seu dispor seis serviçais que cuidam do castelo e do jardim, enquanto ele se dedica à criação de uma empresa. Se ele tivesse que limpar todos os cômodos sozinho, desobstruir as quatro lareiras, limpar os tapetes e as tapeçarias que adornam o chão e as paredes, preparar os ensopados e as tortas de maçã para a dúzia de convidados que recebe a cada dois dias para jantar, podar as inúmeras roseiras, cortar os hectares de gramado, lavar os lençóis e arrumar as dez camas, cuidar dos onze netos durante as férias em sua casa, ele provavelmente não teria tempo para administrar sua empresa. Os serviçais não servem apenas para exibir a fortuna de seus patrões e satisfazer sua necessidade de excepcionalidade e reconhecimento. Mais prosaicamente, elas são a mão de obra cotidiana que lhes permite ter tempo para fazer outras coisas: trabalhar, socializar, cuidar de si e dos outros, elaborar projetos, sair ou descansar.

As serviçais que trabalhavam nas zonas rurais francesas na virada do século XX representavam o duro trabalho do campo na cozinha.[14] Sua situação era comparável à dos operários: seus patrões tiravam proveito de sua força de trabalho. Hoje, a comparação entre serviçais e operários segue pertinente: elas realizam grandes esforços físicos para "prestar serviço" ou produzir.[15] Não se trata mais da venda de produtos (como antes acontecia com os produtos agrícolas), mas sim do tempo que os patrões das serviçais ganham para acumular diferentes tipos de capital. Se os super-ricos precisam tanto de serviçais, é porque elas são uma condição *sine qua non* para poder dispor de tempo para conciliar descanso e múltiplas atividades.

Quando os ricos contam suas trajetórias, eles deixam transparecer os vínculos entre certas etapas biográficas e a contratação de tal ou tal serviçal. A trajetória de Patricia, uma franco-britânica diretora de RH de uma multinacional de móveis de luxo, está cheia desses momentos. Ela trabalha e vive em Londres com o marido, Christophe, banqueiro de investimentos francês, e os três filhos do casal. Ela nasceu no

Reino Unido em uma rica família de médicos, os primeiros da família a terem serviçais, enquanto seu marido nasceu na França, filho de um banqueiro e de uma dona de casa. Christophe pertence à aristocracia francesa (ele e o pai são membros do Jockey Club) e cresceu cercado de serviçais. Ambos estudaram em Cambridge. Na época, Patricia morava sozinha com uma serviçal paga pelos pais que fazia compras, limpava e cozinhava para ela. Christophe dividia apartamento com outros três rapazes, e a zeladora do prédio limpava o local uma vez por semana.

Patricia e Christophe se casaram e se mudaram para um apartamento de 300 m² em Londres. Eles empregaram Lyvia para cuidar de todas as tarefas domésticas, enquanto trabalhavam seis dias por semana, das 9 às 20 horas. Dois anos depois, Lyvia deixou o emprego para voltar à Romênia e viver com sua família. Christophe foi promovido a um novo cargo, que exigia muitas viagens entre Londres e outros países europeus. O casal contratou então dois novos empregados: Léonie, substituta de Lyvia, e um motorista para os deslocamentos de trabalho de Christophe. Depois, Patricia teve o primeiro filho. O casal contratou uma *nanny*, Sarah, que se dedicava exclusivamente ao bebê. Dois anos depois, com o nascimento do segundo filho, Sarah voltou para a França e foi substituída por uma nova *nanny*, Francesca, que cuidava dos dois filhos. Ao mesmo tempo, Salim, o motorista, foi demitido por atrasos e substituído por Jonathan, ex-mecânico especializado em carros antigos. Christophe havia de fato comprado um carro que utilizava nos finais de semana, com a ideia de começar uma coleção. Alguns anos depois, Patricia dá à luz o terceiro filho. O casal contrata uma segunda *nanny*, Ilda, julgando que uma só não seria suficiente para cuidar do recém-nascido e das outras duas crianças. Um ano depois, Léonie se aposentou e foi substituída por Josie. Pouco antes de minha entrevista com Patricia, o casal demitiu as duas *nannies* e contratou uma cozinheira. Josie, então, foi liberada da cozinha e passou a cuidar apenas das crianças e da limpeza, que aumentou: Patricia e Christophe se mudaram para uma mansão de três andares nos arredores de Londres.

O casamento de detentores de grandes fortunas é muitas vezes o ponto de partida para a contratação conjunta de serviçais. O crescimento da família, o enriquecimento e o acesso a outros bens, mudanças na situação profissional e mobilidade geográfica aumentam e especializam os serviçais empregados. Patricia e Christophe sempre continuaram trabalhando em tempo integral. Patricia chega ao trabalho às 8h30 e não sai antes das 20 horas. Seus dias, segundo ela, são muito densos, cheios de reuniões internas com colegas, entrevistas de emprego, procedimentos de demissão e todas as tarefas administrativas do RH da empresa. Quando nos conhecemos, ela está em busca de personal trainers para sessões de atividade física durante os intervalos dos funcionários e uma decoradora para embelezar os espaços de trabalho. Ela inicia um projeto de bem-estar no trabalho e pretende contratar um ergonomista e um consultor para estudar a relação entre bem-estar e desempenho, e pensa nas pessoas de seu círculo que poderiam ser adequadas para o trabalho. Suas noites são dedicadas a jantares com possíveis parceiros, para fazer propostas. Christophe deve estar no escritório às 10 horas, mas sai de casa às 7h30. Ele toma o café da manhã no terraço de um hotel perto do banco onde trabalha, lendo os jornais. Também aproveita para tomar um café com um ou dois colegas e falar de projetos em andamento. Fica no escritório até as 19 horas, quando volta ao bar do mesmo hotel com colegas, para fazer um balanço do dia. Eventualmente encontra a esposa no restaurante, quando conhece a pessoa com quem ela vai jantar. Caso contrário, volta para casa e come algo "rápido" preparado pela cozinheira. Sem serviçais, Patrice e Christophe não poderiam levar essa vida, ainda mais com três filhos. Diretora de uma fundação de arte, Patricia dedica a ela todos os domingos, enquanto Christophe dirige seus carros antigos com amigos. No sábado à noite, quando recebem amigos, Patricia não precisa cozinhar a tarde toda ou "se estressar", como ela diz: Josie e a cozinheira cuidam de tudo, das compras ao cardápio, passando pela montagem da mesa e pelas ligações aos convidados para confirmar a hora e o endereço da recepção. Esses jantares são muito importantes para o casal, que constrói relações duradouras tanto de amizade quanto profissionais.

Ao delegar o trabalho doméstico e parental, os super-ricos ganham tempo para se dedicar ao trabalho, ao lazer e às relações sociais. Ter serviçais não é apenas uma questão de "conforto" ou "capricho de rico": ela é na verdade uma condição da dominação econômica, social, cultural e simbólica. Isso é ainda mais verdadeiro para as mulheres. No dia em que Patricia se tornou estudante, sua mãe logo contratou uma criada para ela "ter sucesso como os homens", como disse. Sua mãe sempre aconselhou, e até ordenou, que ela contratasse serviçais quando casasse e tivesse filhos. Ter uma criada na época da faculdade era, assim, uma forma de aprender a ser servida, para depois saber "tocar a casa" e, ao mesmo tempo, seguir a carreira profissional e cultivar relações sociais importantes para preservar sua posição social. Sem serviçais a seu lado, Patricia teria que assumir as tarefas domésticas, das quais seu marido está amplamente dispensado.

Coisas de mulher

Quando os convido para uma entrevista, muitos homens aceitam de bom grado meu pedido e se mostram bastante falantes sobre o tema do serviço doméstico. Mas é comum não saberem o que responder a certas perguntas, especialmente quando peço que detalhem as tarefas diárias realizadas por suas serviçais ou os critérios utilizados na contratação. É nesses momentos que eles falam das esposas. "Você deveria perguntar para minha mulher", "Ah, isso eu não sei, minha mulher é quem sabe dizer", "Na verdade, a especialista mesmo é minha esposa!". Para esses homens, os papéis estão bem definidos: eles pagam as serviçais, e o "resto" fica a cargo de suas esposas. Essa divisão de tarefas por gênero é algo natural para Gilles, empresário de 61 anos, aristocrata, que desde a infância vive cercado de serviçais:

> – Minha esposa cuida disso tudo muito bem. Nisso ela me lembra minha própria mãe, que realmente sabia lidar com os empregados. É importante saber gerenciar seus empregados, como eu dizia. As mulheres, na nossa família, aprendem isso muito cedo, desde jovens.
> – *E os homens, não?*
> – Ah, nós somos bastante generosos com nossas mulheres, pagamos tudo o que elas querem [*risos*]!

Gilles continua, fazendo algumas críticas à esposa, que segundo ele se preocupa demais com o bem-estar das serviçais e fica muito angustiada quando surgem conflitos. Ele, por sua vez, não dá importância a essas "coisas de mulher", como costuma chamá-las. Quando sua esposa lhe pede conselhos para resolver disputas, ele nunca toma partido. Diz ter coisas mais importantes a fazer do que se preocupar com isso: "Não tenho tempo, tenho coisa demais para resolver para me ocupar com essas histórias... Se elas [as serviçais] não estão satisfeitas, que vão embora!".

Os manuais de economia doméstica do século XVIII publicados na Europa dizem que as mulheres de boa família devem aprender a ser boas donas de casa.[16] Esse modelo continua vigente nos meios aristocráticos: para Gilles e outros homens entrevistados ao longo da pesquisa, as tarefas domésticas, especialmente a gestão dos empregados, são responsabilidade exclusiva das mulheres. O mesmo ocorre entre os novos-ricos. Ser dona de casa não é algo particularmente valorizado, mas ainda envolve administrar o lar: procurar serviçais, selecioná-las, supervisioná-las, dar ordens, repreendê-las, resolver conflitos, preocupar-se com o bem-estar de todas. Ainda que não realizem as tarefas domésticas pessoalmente, as mulheres ricas são responsáveis pelo trabalho relacional e emocional com as serviçais. Esse trabalho essencial, embora invisível, que consiste em tratá-las como membros da família, entender seus sentimentos e controlar as próprias emoções diante delas, também recai sobre mulheres de outras classes sociais que contratam faxineiras ou diaristas. São principalmente essas mulheres, e não seus maridos, que conversam com as empregadas e as guiam no dia a dia.[17] É como se a gestão das serviçais fosse, entre os ricos, uma "coisa de mulher".

Não é por acaso, então, que seus maridos, pais e filhos falem delas valorizando suas competências domésticas. Para eles, as mulheres têm um dom, um talento quase natural para cuidar da casa e interagir com as serviçais. E, quando elas não o têm, devem desenvolvê-lo a todo custo, como Katy, esposa de Karim. É raro que os homens ensinem a suas esposas como lidar com as serviçais.

Na maioria dos casos, as mulheres que não aprenderam com suas mães recorrem a amigas ou vizinhas. Os homens, por sua vez, lidam mais com os aspectos financeiros. Eles fazem as transferências bancárias dos salários das serviçais, assinam os cheques ou sacam o dinheiro para que as esposas o entreguem em mãos, dentro de envelopes. A opinião deles sobre o valor dos salários e das bonificações é decisiva, como explica Julie, uma galerista suíça de 45 anos, filha de pai operário e mãe assistente social, casada com um trader muito rico, Mickaël:

> – Bom, é verdade que Mickaël cuida bem de todo o aspecto, digamos, financeiro. Podemos dizer que há uma divisão real do trabalho entre nós dois, nesse sentido, afinal, são nossos funcionários, no sentido de que é ele quem paga os salários, e ele entende mais disso do que eu. Dinheiro é com ele, né? Ele não é trader à toa [*risos*]! Enfim, para mim é até um alívio, não gosto de lidar com números.
>
> – *Então a senhora não decide o valor dos salários, das bonificações...?*
>
> – Sim, a gente conversa sobre isso às vezes, para chegar a um acordo, mas eu costumo não ser muito controlada, sou mais generosa... ele é mais razoável, pragmático. Ainda bem que não sou eu quem determina os salários, senão estaríamos falidos [*risos*]! Mas falando sério, eu acharia um fardo ter que cuidar disso. Mickaël realmente faz sua parte nesse ponto.

Julie acredita que o marido está muito mais apto a determinar um salário justo e razoável para seus dezesseis serviçais. Ela se descreve como uma mulher esbanjadora, que não teria a racionalidade necessária para decidir sozinha.

Além disso, insiste que o marido, por ser trader, lida muito melhor com números. Ao valorizar seu esposo e apresentá-lo como essencial para a gestão do lar (ele paga os serviçais), Julie se desqualifica financeiramente. Ela admite, inclusive, ser muito grata a Mickaël: com o que ganha como galerista, jamais conseguiria pagar todos os funcionários que trabalham em sua casa principal, em Genebra, e em suas outras casas de férias. Vinda de um meio popular, tendo estudado arte na universidade "como diletante", Julie se sente em dívida com o marido – sem ele, não pertenceria aos novos-ricos. Foi ele que lhe comprou uma galeria e a colocou em contato com o mundo da arte contemporânea. Ter todas aquelas pessoas a seu serviço em casa representa, aos olhos dela, mais um "presente" do marido, uma prova de sua generosidade: "Ele realmente quer o meu bem, ele me ajuda muito... Se não, imagine todo o trabalho doméstico que eu teria que fazer o tempo todo!".

As sociólogas que estudaram os serviços domésticos mostraram amplamente que eles permitem às mulheres delegar parte do chamado trabalho reprodutivo.[18] Como se sabe, as tarefas domésticas e parentais são realizadas, no mundo todo, sobretudo pelas mulheres.[19] Essa atribuição não é inata. Ela é fruto de normas sociais baseadas na ideia de uma divisão sexual do trabalho: às mulheres, o trabalho reprodutivo não remunerado dentro de casa; aos homens, o trabalho produtivo remunerado fora dela. Mesmo que hoje, aqui e em outros lugares, as mulheres lutem por seu direito de ter uma vida fora do lar,[20] elas continuam, na prática, acumulando duas jornadas de trabalho quando exercem uma atividade remunerada. As mulheres ricas que entrevistei têm plena consciência de que seu dinheiro (ou o de seus maridos) permite justamente escapar dessa condição.

Ser servida por serviçais mulheres ou homens* aparece então como a solução para se emancipar do trabalho reprodutivo e se dedicar à vida profissional e ao lazer.

No início de minha pesquisa, eu via, com meu próprio olhar de mulher, essas patroas como extremamente sortudas, livres para fazer o que quisessem, sem uma parte do cérebro constantemente ocupada pensando no que fazer para o jantar, se ainda há fraldas ou papel higiênico na casa, a que horas fecha a farmácia etc. Eu estava enganada. Fui descobrindo aos poucos que ter serviçais em casa não as libera totalmente. Embora estejam livres dos aspectos físicos e ingratos do trabalho doméstico, elas continuam enfrentando uma dupla carga mental, tanto maior quanto mais numerosas as empregadas sob sua alçada. Dizer que ter serviçais as livra completamente do trabalho reprodutivo seria hipócrita. Quando recorrem a serviçais, suas obrigações apenas se deslocam. Assim, ao valorizar a benevolência dos maridos que as "autorizam" a ter serviçais e as "ajudam" cuidando dos pagamentos, essas mulheres interiorizam o papel que lhes foi atribuído em seu meio social: o de mulheres ativas, sem dúvida, mas acima de tudo boas donas de casa e boas mães de família. Aliás, suas competências maternas se manifestam na capacidade de encontrar a "boa" empregada para cuidar, estimular e educar seus filhos. Ser uma "boa mãe", para essas mulheres, não significa cuidar dos filhos em tempo integral, mas passar "momentos de qualidade" com eles. Uma pressão a mais para manter a casa em ordem e administrar bem as empregadas. E essas "coisas de mulher", como diz Gilles, estão longe de ser uma tarefa fácil.

---

* Cerca de dois terços dos serviçais dos patrões que entrevistei são mulheres.

Impossível não é uma palavra

Supervisionar serviçais é uma tarefa exigente. Clarisse, 43 anos, mãe de dois filhos, é advogada, casada com um banqueiro de investimentos. No dia em que nos encontramos pela primeira vez, ela recebe três ligações de seu mordomo, Lissandro, para organizar o aniversário de sua filha mais velha. Enquanto tomamos um café no terraço, Lissandro está com o fornecedor do bufê. Naquela mesma manhã, Clarisse e o mordomo fizeram a lista de tudo o que precisa ser preparado para a recepção, que ocorrerá em duas semanas. Clarisse confia completamente em Lissandro: ele trabalha para ela há mais de dez anos. Não é a primeira festa que eles organizam juntos. Houve dezenas antes daquela. No começo, era Clarisse que indicava a que bufê recorrer, que decoração escolher, como posicionar os convidados, e ela escolhia o local junto com ele. Agora, Lissandro pegou o jeito. Ainda assim, Clarisse não consegue deixar de participar ativamente dos preparativos. "Confio cegamente nele, mas é mais forte que eu, preciso me meter em tudo!", ela diz, enquanto dá instruções ao telefone. Entre uma ligação e outra, ela também responde a uma mensagem de texto enviada por sua lavadeira, Mireille, informando que precisará de uma toalha de mesa a mais, porque foram adicionados convidados à lista. "Eu não paro nunca!", exclama. Ela admite que, sem Lissandro, teria dificuldade para dar ordens aos outros cinco serviçais e manter contato com todos ao longo do dia. "Eu faço o mínimo e, mesmo sabendo que eles sabem como tocar a casa, ainda tenho dificuldade de me desligar."

Um mês depois, quando nos reencontramos, Clarisse me conta como foi o aniversário. "Fiquei muito satisfeita, de verdade, foi uma bela festa!" Dessa vez estamos em sua casa, e Lissandro está ao nosso lado. Ele permanece em silêncio, espanando um móvel à nossa frente. "Às vezes ele dá uma ajudinha a Sonia, quando ela está sobrecarregada", explica Clarisse. Responsável pela limpeza, Sonia está naquele dia limpando a casa de alto a baixo para outra festa: o batizado do sobrinho de Clarisse. "A gente não para!", ela diz ao notar meu ar de espanto com os novos preparativos. Pergunto se o marido participa da organização de todos esses eventos. Ela ri, assim como Lissandro, que interrompe a limpeza para me olhar, e diz: "O senhor participa animando o ambiente!". Clarisse concorda com um sorriso. "A dona da casa sou eu, afinal de contas!" Mais tarde, Clarisse me explica que se sente muito próxima de Lissandro. "Somos cúmplices", sussurra, como se não quisesse admitir na frente dele o quanto essa relação conta para ela. Quando ficamos a sós, ela enfatiza o quanto é importante estar "bem cercada". "Não posso contar com meu marido, ele não entende nada, não sabe fazer nada, não sei nem se ele sabe cozinhar um macarrão ou trocar o saco do aspirador!" Ela diz que ele é "um zero à esquerda na organização", mas "bom em tudo que envolve matemática, números, dinheiro". Reclama que ele é tímido com os serviçais e quase não fala com eles. "Ele diz o mínimo necessário, como: 'Poderia me servir um copo d'água, por favor?'. Não se atreve a dizer mais nada, e também não se interessa." Então, para que Clarisse possa manter o ritmo da vida cotidiana familiar, ela escolhe pessoas "de fibra".

Já que cuidar das serviçais exige tempo e energia, as mulheres ricas são muito exigentes com elas. "Eu já deixo claro desde o início: aqui em casa, o ritmo é acelerado, tem que dar conta, senão melhor eu fazer tudo sozinha!", insiste Clarisse. Dez anos depois, ela ainda se lembra de como explicou as coisas a Lissandro: "Eu disse a ele: comigo, é vai ou racha!". Uma de suas amigas mais antigas lhe ensinou como ser respeitada pelas serviçais, como dar ordens sem parecer odiosa, como fazer com que elas antecipassem todos os seus desejos antes mesmo de serem expressos. Clarisse avalia que se tornou muito exigente, e que "quanto mais o tempo passa, menos eu deixo passar!". Como naquele dia, em que ela repreende na minha frente, de forma suave mas muito firme, a lavadeira Mireille. Esta havia pendurado uma dezena de lençóis num canto do jardim reservado para isso. O vento soprava forte e Mireille usou vários prendedores para que os lençóis não voassem. Clarisse e eu caminhávamos nessa direção enquanto conversávamos. Ao nos aproximarmos de Mireille, Clarisse revira os olhos. "Realmente muito elegante, Mireille, todos esses prendedores!" E explica que as cores desemparelhadas dos prendedores podem ser vistas do terraço da casa, e que isso é de mau gosto. "Pare com isso, fica realmente feio", ela diz, irritada. Ao fim de nosso passeio, Clarisse encontra Lissandro e pede que ele diga a Fadela, a serviçal encarregada das compras, que anote na próxima lista: prendedores "verdes, como a grama". "Precisamos de pelo menos 150!", ela exclama, fingindo levantar um saco pesado. Com um gravador e um caderno de anotações em cada mão, sigo atrás dela, tentando me esconder, constrangida com sua irritação. Ela me conduz até a cozinha, pega um dos copos d'água já servidos para nós e o observa, rapidamente tirando com o dedo um dos cubos de gelo que flutuam dentro dele: "Não sei se um dia ela vai entender que eu quero dois, e não três cubos de gelo!", indigna-se Clarisse, referindo-se a Fadela. Ofegante, ela se senta em um dos bancos altos do bar, olha para mim e, como para encerrar as cenas que acabaram de acontecer, declara: "Acredite, não é fácil ter que todos os dias administrar esse pessoal!".

As exigências de Clarisse podem parecer detalhes insignificantes ou caprichos de rica. As próprias serviçais, às vezes, dizem que não entendem os "delírios" de seus patrões. Mas elas realmente não têm escolha, se quiserem continuar no emprego precisam satisfazê-los. Porém, prestar atenção à cor dos prendedores de roupa, à quantidade de cubos de gelo ou à contratação de um guardião das roseiras não são "delírios" isolados. Essas exigências marcam a distância social entre os ricos e suas serviçais, e a dominação dos primeiros sobre as segundas. Com Soraya, que trabalha como governanta para uma família de bilionários americanos em Mônaco, nos divertimos listando os desejos mais absurdos que ela já presenciou com seus diversos patrões, e que eu coletei ao longo da pesquisa. Conheci essa franco-tunisiana de trinta e poucos anos durante seu final de semana de folga, que ela passou perto de Montpellier. Sentadas em nossas toalhas de praia, não parávamos de conversar. Querer assistir ao show de uma estrela mundial no Stade de France e conseguir um ingresso no camarote VIP uma hora antes do show (esgotado há meses). Comer dois ovos e meio pela manhã, mexidos por exatamente doze segundos. Adormecer todas as noites vendo fogos de artifício pela janela com vista para o jardim. Ouvir um agradecimento depois de se dirigir aos serviçais (mesmo depois de dar ordens) com a fórmula: "Agradeço-lhe, estimada Madame, por me conceder a honra de me dirigir a palavra". Ser acordado com uma canção de ninar entoada em coro alternado por duas serviçais. Sentar-se à mesa com o espaçamento entre os talheres medido milimetricamente com régua. Ter a boca e as mãos limpas por alguém depois de cada prato, com uma toalha branquíssima e com cheiro de sabão especialmente formulado para bebês. A lista é longa. Para Soraya, os ricos são insaciáveis e "sempre querem mais". Eles mesmos reconhecem isso, e é justamente porque suas necessidades são infinitas que precisam das serviçais mais aptas a atendê-las. Seu tempo e sua reputação estão em jogo, pois se trata de manter seu status e tudo o que lhes permite conservar suas posições de poder. Como as serviçais são tão indispensáveis para tornar-se, ser e conservar uma grande fortuna poderosa, respeitada e admirada, bem consigo mesma e com o mundo, é preciso encontrar as melhores entre elas. E isso também não é tarefa fácil.

3

O bom partido

Estamos conversando há uma hora e meia no terraço de um café. Amori, serviçal filipina de 32 anos, relata em tempo real suas trocas de mensagens por telefone com a patroa, que mora a algumas ruas do café. Em uma hora e meia, ela recebe quase uma dezena de mensagens. "É assim todos os dias", ela diz, com um tom meio resignado, meio irritado. A patroa está ciente do nosso encontro, mas as mensagens não têm o objetivo de vigiar Amori à distância. "Já estou acostumada", suspira Amori ao receber a décima primeira mensagem, à qual responde, como a todas as anteriores, com um: "Entendido, senhora".

Faz três anos que Amori trabalha para essa aristocrata e seu marido, em uma grande casa em Yvelines. Amori sabe exatamente o que deve fazer, hora por hora, minuto por minuto, para satisfazer a patroa. Ela a conhece tão bem que até antecipa suas mensagens, que contêm essencialmente instruções de trabalho. Por exemplo, na décima primeira que ela recebe enquanto conversamos, está escrito: "O sr. e a sra. C. vêm tomar chá daqui a pouco. Atenção, nada com morango: alergia!!". Ao me mostrar seu celular, Amori comenta: "Já sei há dois dias que eles vêm para o chá, e sei que são alérgicos a morango". Por que, então, a patroa insiste em lembrá-la? "Ela não consegue soltar as rédeas. Precisa sempre controlar tudo, no fundo ela não aceita delegar", garante Amori.

Apesar de tudo, Amori não duvida da confiança que sua patroa deposita nela. Prova disso é que, há três anos, passou com sucesso por todas as etapas da seleção para substituir a antiga e única serviçal, que se aposentou. "Não é fácil ser a sucessora de trinta anos de serviço!", ela comenta. Sua patroa fez de tudo para moldar Amori à imagem de sua antecessora. Assim, para ter certeza de contratar a melhor pessoa, nada melhor do que duas entrevistas, um encontro com a antiga serviçal e dois dias de teste para pôr à prova os limites de Amori. O programa incluiu: chegar às 5 da manhã, preparar o café da manhã, limpar a cozinha, as salas, os quartos, ir à padaria, preparar o almoço, limpar novamente a cozinha, fazer compras, tirar o pó das estantes da biblioteca, lavar e passar roupa, fazer uma torta de ameixa "express" para o chá com convidados inesperados, servir o lanche, limpar a sala após a saída dos convidados, preparar o jantar, servir o jantar na sala, lavar a louça, guardar as coisas, fazer bainha em calças e costurar botões enquanto os patrões dormem. "É típico de um dia de trabalho na casa, das 5 da manhã à meia-noite, mais ou menos." Para esse primeiro dia de teste, Amori teve que agir como se tudo fosse de verdade. "Os convidados de última hora eram amigas cúmplices da patroa, que também estavam me avaliando", lembra-se Amori. Cada prato preparado era avaliado, do suco de laranja espremido (à mão) pela manhã à torta, passando pela infusão do chá e pela salada de abacate. Felizmente, Amori estava bem preparada para o teste. Uma prima e duas irmãs também trabalham como serviçais para os ricos. Quanto a ela, já são treze anos nesse ofício. E ela também se informou, "investigou" antes de passar por todas essas etapas da seleção. Algumas serviçais do bairro que conhecem bem o casal descreveram seus gostos e "pequenas manias".

A força da rede

A rede social é central para as serviçais que, como Amori, procuram emprego a serviço dos ricos. Elas se mantêm informadas sobre oportunidades por meio de amigos ou familiares, que também trabalham para grandes fortunas – como vendedores, porteiros, garçons, seguranças ou serviçais. Muitas vezes, essas pessoas fazem parte de verdadeiras redes migratórias de recrutamento: para procurar trabalho, as serviçais confiam em pessoas do mesmo país, que desenvolveram redes em determinado setor profissional. As redes de trabalhadores imigrantes ou filhos de imigrantes podem ser muito organizadas. No setor doméstico, a rede das filipinas imigrantes, da qual Amori se beneficiou, está bem estabelecida na França e em muitos outros países da Ásia, do Oriente Médio e da América do Norte.[1] O próprio Estado filipino contribui para isso, organizando a migração de dezenas de milhares de mulheres treinadas para o trabalho doméstico.[2] Essas mulheres trabalham como serviçais no exterior porque ganham mais do que como enfermeiras ou professoras em seu país de origem. Essas migrações de trabalho geram fluxos massivos de dinheiro enviado por essas mulheres às suas famílias.

É o que faz Amori. Desde que chegou à França, há treze anos, ela não passa um mês sem enviar dinheiro aos pais. Diferentemente de muitas de suas amigas filipinas que trabalham em Paris, ela não tem filhos nem marido. Um peso a menos, segundo ela, que já tem muitas responsabilidades com os próprios pais. Seu pai sofre de uma grave doença autoimune, e ela sonha um dia trazê-lo para a França para cuidar dele e interná-lo em hospitais que considera mais confiáveis que os de Manila. O dinheiro que ela não envia aos pais é guardado com cuidado em uma caixa de metal escondida em seu quarto, na casa dos patrões. Foi um conselho de sua amiga Trisha quando Amori chegou à França. Trisha é ao mesmo tempo sua amiga, sua irmã, sua "coach", como ela diz, sua "referência" no país. Amori partiu das Filipinas com um visto, mas não passou por uma agência de recrutamento* para encontrar trabalho na França.[3] Sua agência, como ela brinca, foi Trisha, uma amiga de infância que havia trabalhado em Dubai para uma família francesa expatriada que depois voltara para a França. Foi Trisha quem organizou a primeira entrevista de Amori, no 16º *arrondissement* de Paris, poucos dias depois de sua chegada. Foi também ela quem lhe disse como se vestir, como se portar, o que responder às perguntas típicas das patroas, que salário aceitar. E, por fim, foi ela quem aconselhou Amori a negociar seu descanso aos domingos, dia em que as filipinas do bairro vão juntas à missa. Sem Trisha, Amori acredita que teria ficado perdida, sem ninguém nesse país desconhecido cuja língua ela não dominava. E provavelmente teria sido enganada: "Eu poderia ter sido sequestrada e virado uma escrava que mal recebe o suficiente

* Nas Filipinas, e também na Indonésia, as agências de recrutamento de empregadas domésticas para trabalhar no exterior são cada vez mais numerosas e supervisionam a migração das trabalhadoras, de maneira mais ou menos legal.

para comer". Trisha lhe contou histórias sórdidas sobre serviçais filipinas exploradas em Dubai. Tanto no âmbito doméstico quanto em outros setores, como o da construção civil, milhares de estrangeiros trabalham em condições desumanas naquele país, para patrões europeus e americanos expatriados ou emiradenses.[4] No entanto, Amori descobriu que isso às vezes também acontece na França. De tempos em tempos, a imprensa relata alguns escândalos, como o de serviçais filipinas que, em 2019, denunciaram por maus-tratos um membro da família real saudita radicado na França.* O Comitê Contra a Escravidão Moderna, por sua vez, constata que o trabalho doméstico é um dos setores em que as situações de exploração são mais comuns. Ouvi falar de muitos casos, que circulam secretamente nos bairros nobres e entre as serviçais, que não ousam falar. Amori afirma que "as pessoas desconfiam menos dos franceses brancos, mas [eles] são iguais".

As serviçais utilizam suas redes para encontrar trabalho rapidamente, mas não a qualquer preço. Elas tentam, na medida do possível, filtrar as ofertas de emprego. Como Amori, muitas têm uma ou duas pessoas de confiança que ajudam a selecionar as opções. O objetivo é encontrar uma boa colocação. A definição dessa boa colocação é bastante subjetiva e depende muito das experiências anteriores das serviçais. Quando chegou à França, Amori não tinha grandes expectativas: o importante era ganhar ao menos mil euros por mês, com alimentação e moradia incluídas. Hoje, suas exigências mudaram: quer um salário de no mínimo três mil euros líquidos, quatro dias de folga por mês, uma

* Ao todo, sete queixas foram apresentadas contra esse príncipe desde a abertura da investigação pelo Ministério Público de Nanterre.

passagem de ida e volta paga pelos patrões para as Filipinas a cada dois anos. À medida que as serviçais ganham experiência, ampliam suas redes entre os ricos, conhecem seus direitos trabalhistas na França e trocam informações com outras serviçais, suas expectativas aumentam. Mais preparada para negociar suas condições de trabalho, Amori perdeu o medo de expressar, nas entrevistas, seus desejos. No pior dos casos, com a ajuda de Trisha e de todas as suas colegas, ela rapidamente encontrará outras oportunidades se não for escolhida.

Estar cercada de pessoas que trabalham para os ricos ou que os conhecem bem é fundamental para encontrar uma boa colocação. As serviçais não aprendem apenas os códigos necessários para ter sucesso nas entrevistas, elas também obtêm informações sobre vagas por meio do boca a boca. No comércio local ou em certos sites, é possível encontrar anúncios. Mas esses são pouco utilizados por serviçais ou patroas, a menos que sejam filtrados. Consegui um emprego com Margaret e Philippe por meio de um anúncio em um site dedicado à venda de objetos e a serviços domésticos. Para me cadastrar nesse site, fui apadrinhada por duas mulheres ricas que conheci durante a pesquisa e que atestariam à comunidade fechada de internautas que eu era uma pessoa de confiança. Mas esse sistema de filtragem na internet se torna limitado à medida que a comunidade cresce: vários membros se queixam regularmente de "cair em qualquer um". Nada é mais eficaz e seguro que o boca a boca. Além disso, os anúncios nunca revelam como os patrões se comportam, ao passo que, entre as serviçais, conta-se tudo. Na escala do bairro, do prédio ou até mesmo da cidade, os patrões têm reputações construídas, mantidas e difundidas pelas empregadas. Para encontrar um bom patrão, melhor ir à caça de informações. Os patrões que pagam mal, os que não concedem férias, os coléricos e os caprichosos são cuidadosamente identificados e evitados. As serviçais trocam informações e ajudam mas às outras a encontrar a vaga que melhor lhes convém. "A gente conversa bastante quando se encontra no mercadinho, é quase um complô!", diverte-se, em entrevista, Soraya.

No entanto, por mais eficaz que seja o boca a boca entre serviçais para conseguir trabalho, ele está longe de ser um "complô". As serviçais não formam um grupo social homogêneo e solidário, unido contra os patrões. Na verdade, elas com frequência conseguem uma boa colocação por intermédio das patroas. Trisha, que encontrei várias vezes no bairro onde ela e Amori trabalham, "descola", como ela mesma diz, oportunidades de emprego por meio de sua própria patroa. As duas mulheres são muito próximas, passam horas conversando, principalmente quando Trisha faz as unhas dela. "Ela é uma senhora idosa, que não tem marido há muito tempo, nem filhos, então ela gosta que eu cuide dela." A empregadora de Trisha lhe conta todos os mexericos do bairro, principalmente os que envolvem suas amigas ricas. "Eu sei com meses de antecedência quem vai se divorciar de quem, quem vai investir aqui e ali, eu sei de tudo", garante Trisha, orgulhosa de ser uma confidente leal. Embora guarde muitos segredos, outros ela compartilha com suas irmãs, que trabalham como serviçais na Riviera Francesa, ou com amigas de confiança, como Amori. "Madame sabe muito bem que compartilho algumas coisas. Mas ela sabe que compartilho com pessoas que não vão espalhar nada. E que os segredos de verdade, eu guardo para mim." Quando a patroa fica sabendo que alguém está procurando uma serviçal, ela avisa Trisha. E Trisha rapidamente descreve o posto para as interessadas.

"Quando Madame quer ajudar uma amiga, ela me diz: 'Você sabe, Trisha, os D. estão procurando uma passadeira. Eles pagam bem.' Ela me diz todos os pontos positivos. E aí eu divulgo a informação com meus contatos." Trisha até se permite perguntar mais detalhes à patroa sobre o que suas amigas procuram e o que consideram inaceitável em uma candidatura. "Se alguém quer um motorista com no mínimo 1,80 m, é melhor eu saber, assim posso filtrar", afirma. Certa vez, a melhor amiga de sua patroa estava procurando um motorista alto o bastante para destravar a parte superior da porta da garagem quando esta emperrava. Trisha sugeriu o cargo ao marido filipino de uma faxineira do bairro, que havia acabado de chegar à França. "Era o único filipino alto que já conheci!", ela exclama, rindo. "Além disso, aqui no bairro, os motoristas geralmente são negros ou árabes", continua, como se fosse óbvio.[5]

Em busca da joia rara

Assim como o mercado matrimonial, o mercado do trabalho doméstico também é regido por um ideal de relação duradoura.[6] Seja pelo boca a boca ou, mais raramente, por meio de anúncios impressos ou na internet, patroas e serviçais procuram o "bom partido", ou seja, alguém com quem possam construir uma relação de longo prazo. O encontro se assemelha a um jogo de sedução, em que os dois lados destacam suas qualidades para serem escolhidos. No entanto, não se trata de um jogo ilusório: todos sabem que a sedução acontece, principalmente, do lado dos serviçais. Existem, sim, serviçais disputados por todos, como o cozinheiro Solal. Mas, segundo os ricos, esses são raros. Então, os ricos saem em busca de sua "joia rara".

E as serviçais, por sua vez, fazem de tudo para corresponder ao que os patrões desejam.

Essa joia rara, tão almejada entre os super-ricos, precisa ter muitas qualidades. Primeiro, deve ser competente em sua área. Um cozinheiro precisa saber cozinhar (segundo o gosto dos patrões), uma passadeira deve saber alvejar perfeitamente as roupas e conhecer os cuidados de manutenção dos diferentes tecidos, uma *nanny* precisa dominar várias atividades para entreter as crianças e dominar as técnicas de primeiros socorros, uma empregada polivalente precisa realizar várias tarefas em tempo recorde. A joia rara é aquela que conhece tudo sobre seus patrões: horários, hábitos, o que amam e odeiam. A serviçal ideal sabe satisfazer imediatamente seus desejos, mesmo os mais absurdos, e antecipar suas vontades antes mesmo que sejam expressas. Por fim, a joia rara deve ter bom comportamento: ser sorridente, discreta e silenciosa, mas sempre presente. Deve saber quando ficar em silêncio e quando falar, não se intrometer no que não lhe diz respeito, mas ainda assim estar informada dos problemas dos patrões, sem parecer curiosa. Deve ser educada, empática, ter qualidades humanas e morais. E acima de tudo, a joia rara deve ser devotada e fiel aos patrões. Ela deve inspirar total confiança e estar disposta a se sacrificar por eles. E, para fechar com chave de ouro, ela deve ser agradável aos olhos, mas sem chamar atenção demais. Como em outras profissões ligadas ao serviço e à representação, ela deve sorrir, especialmente se for mulher.[7]

Não é pouca coisa. As mulheres ricas, encarregadas de recrutar os empregados, organizam entrevistas e dias de teste para ter certeza de escolher a pessoa certa. Afinal, o cotidiano delas, em todos os seus aspectos mais rotineiros e íntimos, não deveria ser confiado a qualquer um. As patroas querem uma pessoa confiável, eficiente, que saiba guardar segredos, discreta e comprometida com o longo prazo. As serviçais bem informadas sabem disso. Por isso, nas entrevistas de emprego, elas adaptam sua aparência e seu comportamento às expectativas das patroas, encenando uma verdadeira paixão pelo serviço.[8]

Foi o que Analiz fez no dia em que a acompanhei até uma entrevista de emprego no 16º *arrondissement* de Paris. Esperei por mais de uma hora em um parque no final da rua onde ficava a mansão. Ela havia conseguido a entrevista uma semana e meia antes, por meio de uma amiga que trabalhava no bairro. Os patrões em questão estavam procurando ativamente por uma nova governanta. Analiz, que mora na região da Gironda, me avisou imediatamente que "subiria" a Paris para essa entrevista, na qual depositava muitas esperanças. Eu a conhecera havia mais de um ano, durante um curso intensivo de formação para aprender a ser serviçal em casas de ricos. Eu mesma participei do curso, que durava duas semanas e ocorria em um castelo pertencente a uma das instrutoras, uma aristocrata apaixonada pela "arte do serviço à francesa". Para viver a realidade do trabalho doméstico, as estagiárias, as instrutoras e eu dormíamos, comíamos e vivíamos juntas, sem interrupção. Ao fim do dia e parte da noite, eu passava horas entrevistando e conversando com as estagiárias. Fiz amizade com a maioria delas, incluindo Analiz, que regularmente me mandava notícias suas.

Naquele dia, fui buscá-la na estação de trem pela manhã. Analiz usava sua "blusa mais bonita" de seda branca, discretos brincos de pérola, maquiagem leve, sapatos baixos e calça de veludo preta. "Estou chique, né?", disse ao sair do trem. Chique, mas não demais. Ela conhece bem os códigos estéticos e os gostos do meio em que deseja trabalhar, graças aos anos no setor de moda de luxo, duas experiências como governanta em famílias muito ricas e ao curso que fez. Naquele dia, tentou ser ao mesmo tempo elegante, discreta e educada, "fazendo o papel da menina calma e obediente".

Quando Analiz saiu da entrevista, fomos a um parque em outro *arrondissement* para conversar.

– *Então, caprichou na performance?*

– Ah, claro, você me conhece! Eu não queria cometer nenhum erro. Fiz de tudo para mostrar que estava motivada. Estava disposta a tudo.

– *Como assim?*

– Ela me perguntou se me incomodaria dormir no quarto de hóspedes, caso a irmã dela viesse, trocar de quarto, enfim, nem lembro mais a explicação que deu… Eu disse: "Claro que não, sem problema nenhum". Depois, falou que às vezes eu teria que trabalhar aos domingos, porque domingo é o dia dos almoços em família, dos aniversários, e alguém precisa supervisionar tudo. Antes mesmo que ela continuasse com outros argumentos, eu disse: "A senhora pode contar comigo". Então ela me mostrou a sala, e disse: "Como pode ver, é grande, e às vezes Mélanie (que cuida da limpeza e da roupa) não dá conta quando estamos com muita gente, ou quando os netos estão por aqui e ainda tem a roupa para lavar e os quartos para arrumar, então você também vai ter que ajudar nas tarefas domésticas...". Nessa hora, eu juro, senti tanta vontade de dizer que o cargo era de governanta, que não era meu papel fazer a faxina, mas na hora, claro, você pode imaginar, eu disse: "Sem problema, estou acostumada, no meu antigo emprego cuidava de novecentos metros quadrados sozinha…", o que é verdade, como você sabe, só que não contei que saí de licença médica e depois pedi demissão por causa disso, porque estava trabalhando por duas... Então fiz tudo para mostrar que estava realmente motivada.

– *E acha que ela gostou?*

– Acho que sim. Vai saber, mas senti que sim. Veremos... Fiz tudo direitinho. Quando ela perguntou o que eu gostava no meu trabalho, acho que dei uma boa resposta: que gostava de agradar os outros, de servir, que desde pequena cozinhava para meus pais quando eles estavam cansados, e que fazia um monte de surpresas para eles. Ela até disse: "Que bom, seu trabalho é sua paixão". Então espero que ela tenha realmente acreditado.

Analiz adotou a postura esperada pela patroa: o trabalho deve parecer uma paixão e, portanto, uma atividade desinteressada e sem qualquer motivação financeira. Falar de dinheiro nesse primeiro encontro está implicitamente proibido. Analiz sabe que as governantas no bairro ganham 3.500 euros líquidos. Mas, por enquanto, não deve perguntar nada. O salário será discutido (ou não) mais tarde, se a patroa quiser revê-la. Enquanto isso, ela mostra que o que oferece é um verdadeiro dom, e que está disposta a fazer sacrifícios: dormir com as crianças, trabalhar aos domingos, não tirar férias para acompanhar a família em viagens. Analiz sabe destacar e explorar os aspectos de vocação, abnegação e paixão em seu trabalho para conquistar a patroa à sua frente. Disposta a fazer qualquer coisa – "até dar *foie gras* ao cachorro no Natal, como ela me pediu!", ela diz, rindo –, Analiz foi chamada três dias depois e conseguiu a vaga.

O serviço doméstico é um desses ofícios em que a paixão e a vocação têm um lugar muito importante na maneira como as serviçais se apresentam aos super-ricos. Durante as entrevistas, eles geralmente não falam sobre sua vida pessoal. Raras são as patroas que conhecem sua trajetória. Mas as serviçais podem mencionar certos fatos para mostrar que sempre estiveram destinadas ao serviço, que isso vem desde a infância, que elas "nasceram para isso" porque está em sua "natureza". Analiz destaca que desde sempre cuidou dos pais. Entre as empregadas estrangeiras ou filhas de imigrantes, muitas vêm de famílias em que a mãe ou o pai foram serviçais, e cresceram cuidando dos outros em famílias numerosas. É preciso mostrar aos super-ricos que servir é algo inato. Um pouco como dançarinos fazem nas audições para companhias de dança: eles explicam aos coreógrafos que estão dispostos a se exaurir fisicamente pela dança, por sua vocação.[9] Nesse meio profissional, a dança é vista como uma paixão, uma profissão diferente das outras. A *illusio* do trabalho doméstico se baseia nessa mesma retórica. Os super-ricos querem serviçais apaixonadas, que não trabalhem por dinheiro, mas por prazer e dedicação.

Analiz não está em seu primeiro emprego doméstico. Ela domina as regras do jogo de sedução que ocorre durante os encontros com os ricos. Ela sabe que precisa acreditar, e fazer os outros acreditarem, que ser governanta é sua paixão. E também sabe que essas regras são sutis. Embora tenha mostrado disposição total, mais tarde explica que nunca se deve implorar por um emprego. Ela fazia o mesmo com as clientes da moda de luxo: elogiava as qualidades de um vestido, mas deixava claro que, de qualquer forma, outra pessoa o compraria. "É preciso deixar que eles desejem você, fazer com que pensem que talvez a vizinha contrate você primeiro e que aí será tarde demais", ela diz. No fim da entrevista, ela não hesita em dizer, aliás, que é muito requisitada e que logo será contratada. É isso também que define uma joia rara.

Decifrar os corpos

Analiz nunca me falou espontaneamente de seu currículo. Uma vez, perguntei sobre ele por telefone e ela me enviou uma cópia por e-mail, acompanhada da seguinte mensagem: "Não está muito bonito, mas para o que preciso...". De fato, o documento não estava formatado. E, acima de tudo, não estava atualizado. Entendo que ela realmente não o utiliza. Para muitos empregos formais, o currículo é uma ferramenta indispensável para avaliar objetivamente as habilidades e o valor do candidato ao emprego,[10] mas no trabalho doméstico seu papel é marginal. As serviçais especializadas que almejam cargos de maior prestígio têm um currículo, em que listam os empregos anteriores e, eventualmente, cursos e diplomas. As demais não têm. De resto, as contratantes raramente exigem um currículo, e os diplomas têm pouco peso. A experiência, por outro lado, é importante, mas não se comprova no papel. As contratantes preferem ligar para ex-empregadoras da candidata e avaliá-la na prática. O encontro presencial entre patroas e candidatas é um momento essencial para que as primeiras avaliem as qualidades das segundas. Tudo passa pelos corpos. Isso pode parecer paradoxal, pois não se trata de um trabalho baseado na exibição dos corpos, ao contrário de profissões como recepcionistas[11] ou modelos,[12] nas quais as mulheres são contratadas segundo um padrão de beleza bastante rígido. No entanto, mesmo nas profissões que não contratam explicitamente com base em critérios corporais, o corpo conta. Ao estudar a inserção profissional de estudantes em empresas, a socióloga Oumaya Hidri destaca a preocupação deles em transmitir uma imagem que ela chama de recrutável. Os jovens trabalham muito o corpo com esportes e dietas para corresponder à imagem que fazem dos executivos.[13] Para as serviçais, o corpo também é um fator de seleção, essencial e explícito.

Não há qualquer pudor nos comentários das ricas que procuram serviçais: as patroas se sentem no direito de explicitar claramente suas expectativas em termos corporais e garantem poder detectar qualidades morais apenas observando o físico das candidatas. Algumas procuram, por exemplo, sinais de desonestidade no rosto, nos gestos, nas expressões e nas roupas. Quando pergunto a Séverine, uma mulher franco-suíça de 60 anos, mãe dedicada ao lar, casada com um diplomata muito rico, o que representa um obstáculo à confiança, ela responde:

> – Vou te dar um exemplo. Dois anos atrás, antes da Malika, antes de eu a ter encontrado, recebi aqui uma mulher, uma filipina recomendada por minha prima, que mora em Dubai. Trouxemos a filipina para cá, não foi fácil, temos alguns contatos de alto escalão que nos ajudaram.
>
> – *Por que ela veio? A senhora a havia contratado?*
>
> – Não! Imagina. Justamente, ela precisava fazer um bate-volta para nos conhecermos. Ela dormiu aqui por uma noite e foi embora no dia seguinte, então pude conversar várias vezes com ela. Era uma mulher muito correta, muito religiosa. Tinha um rosto honesto, abaixava os olhos com modéstia quando eu falava, gostei disso. Enfim, no começo. Porque logo comecei a duvidar se podia confiar nela.
>
> – *Mesmo? O que fez a senhora pensar isso?*
>
> – Ela passava muito tempo no telefone, como se estivesse relatando coisas... E, principalmente, era sedutora.
>
> – *Sedutora?*

– Você sabe, cá entre nós, mulheres, nós prezamos nossos maridos [*ela abaixa a voz*]. A gente percebe na hora quando a criada é sedutora. Dá pra ver no rosto, nos modos, no jeito de... rebolar. Ela apareceu na sala de manhã, pouco depois do café, com um batom vermelho muito forte. E, não sei por quê, estava usando uma blusa que realçava os seios. Isso, eu não suporto. Mesmo. Então todas as minhas esperanças foram por água abaixo. Pensei: na verdade, ela não é boa pessoa, vai aprontar por aqui. Nunca é fácil conseguir o respeito dos funcionários, então, quando a gente detecta antecipadamente que a pessoa é desonesta e mal-intencionada, é sempre melhor. Preferi dispensá-la.

A prima de Séverine é uma das expatriadas francesas em Dubai que se beneficiam de inúmeros privilégios ligados ao passaporte "ocidental", entre eles o de ter serviçais a baixo custo.[14] Apesar da triagem feita por uma pessoa de confiança, Séverine preferiu conhecer a candidata pessoalmente, levando-a à França por dois dias, graças a suas conexões diplomáticas. Durante esses dois dias, o corpo da mulher esteve no centro de suas atenções. Aliás, é justamente por estar contratando uma mulher que Séverine redobra a atenção ao corpo e às qualidades morais que este supostamente reflete. Quando contratam homens, as patroas dizem poder perceber a confiabilidade apenas pelo rosto. Com mulheres, porém, é o corpo inteiro que fala. As patroas examinam os atributos corporais (como a forma do corpo) e a *hexis* das candidatas, ou seja, suas maneiras de mover e vestir o corpo. O sorriso, a maquiagem, as roupas e a forma do corpo da serviçal aparecem com destaque nos comentários de Séverine. Para ela, são indícios de que a candidata filipina é uma pessoa desonesta e não confiável. Séverine expressa ainda seu medo da competição feminina diante da sedução. Esse é um medo recorrente entre as patroas, que não escondem o receio de que seus maridos se deixem encantar pelas serviçais.

Relações de sedução e adultério entre "senhores" e "criadas" são temas recorrentes na literatura e no cinema, reflexos de imaginários burgueses passados e presentes.[15] No filme *Madame*,* uma das serviçais de uma rica família americana que vive na Paris do século XXI é fantasiada de burguesa por sua patroa, por ocasião de um jantar, para evitar o mau agouro de ter treze pessoas à mesa. A empregada acaba encarnando a personagem, o que desperta a inveja da patroa. A aparência excessivamente sofisticada das serviçais raramente agrada às patroas: muitas relatam ter encontrado candidatas "provocantes", "insinuantes" ou "bonitinhas demais". O julgamento da beleza é ambivalente: devem ser apresentáveis e limpas, mas sem sexualização excessiva.

Quando as patroas julgam a aparência das candidatas sedutora, elas estão expressando sobretudo um desprezo de classe em relação aos meios populares.[16] Ao usar batom vermelho, salto alto ou roupas justas, as serviçais sem familiaridade com o gosto burguês acreditam estar fazendo o certo. Somente depois de muitas recusas, comentários das patroas e conselhos de colegas mais experientes é que compreendem que a definição de elegância está socialmente condicionada.[17] Para agradar aos detentores das grandes fortunas, é preciso vestir-se sem exageros. As serviçais que conseguem causar boa impressão dominam perfeitamente o espaço social dos gostos.[18] Elas sabem que, nas famílias tradicionais, a elegância das serviçais está na sobriedade do vestuário. Mas também sabem que os gostos variam entre

---

* Filme de Amanda Sthers, lançado em 2017.

os super-ricos. Analiz já trabalhou para uma família de novos-ricos bilionários que, em várias ocasiões, pediu que ela se fantasiasse de forma extravagante para servir em suas festas temáticas. Já entre os aristocratas para quem trabalhou, isso nunca aconteceu: apenas a cor da camisa ou do colete podia eventualmente variar em eventos, mas sempre em tons escuros ou pastéis. "Cores fluorescentes ou lantejoulas? Quase nunca vi essas pessoas usarem!"

Uma questão de raça

O corpo das serviçais é submetido à apreciação dos ricos como revelador de qualidades morais e de competências. A roupa, o olhar, os movimentos contam, mas o que é ainda mais determinante na avaliação que os super-ricos fazem das candidatas é a raça. Falar de raça em sociologia não pressupõe nenhum fundamento biológico.[19] Pelo contrário: ao longo de suas pesquisas, os sociólogos constatam que as pessoas atribuem comportamentos, qualidades ou defeitos a determinadas nacionalidades, cores de pele, origens migratórias ou sotaques. Isso gera estereótipos racistas que têm efeitos concretos e diretos sobre as práticas. Por exemplo, em suas pesquisas sobre trabalhadores da construção civil na França, Nicolas Jounin observou que os recrutadores das agências de trabalho temporário sistematicamente reduziam suas qualidades e defeitos a estereótipos: os operários negros, considerados mais robustos, eram designados para os trabalhos fisicamente mais exigentes.[20] No serviço doméstico, a atribuição racial de qualidades é central nos processos de contratação. É perfeitamente comum dizer que se procura uma serviçal filipina, negra ou árabe, que não se gosta de serviçais chinesas ou que, de forma alguma, se quer uma muçulmana em casa. Os estereótipos racistas sobre serviçais imigrantes circulam sem o menor constrangimento. Em entrevistas, ouvi-os tantas vezes que, em certo ponto, deixei de me surpreender ao ouvir os ricos dizendo que as "árabes são boas cozinheiras" ou que as "marfinenses são boas babás". Esses clichês acabam se transformando em verdades que estabelecem discriminações entre as próprias serviçais. Guillemette, franco-britânica de cerca de 50 anos, pintora, escultora e ex-esposa de um banqueiro muito rico, deixa isso bem claro ao comentar uma entrevista com Awa, uma mulher marfinense:

> – Teve uma, Awa, lembro bem, foi a última que recebi aqui, acho que por uma hora e meia. Awa era uma negra alta, gostei disso.
> – *Ah, é?*
> – Sim, porque logo vi que podia dar certo. Essas mulheres, sabe, são muito robustas, incansáveis. Eu estava acostumada com as argelinas, como falei, mas minha vizinha só contrata negras, e, sinceramente, elas não são nada mal. Mas é preciso fazer uma seleção, porque muitas são preguiçosas.
> – *E esse não era o caso de Awa?*
> – Não, ela não, percebi na hora. Quando ela entrou na sala, estava bem ereta, com as mãos firmes, o olhar fixo, parecia decidida... gostei. Pensei: é um bom começo.
> – *Que perguntas a senhora fez?*
> – Vi que ela era sorridente, mas mantinha as sobrancelhas franzidas durante toda a conversa, dava pra ver que não era burra, estava acompanhando o que eu dizia. Fomos até a cozinha dos fundos e pedi que ela movesse uma caixa grande, pesada, só pra ver, e ela não disse nada, agarrou a caixa assim [*ela imita com os braços*]! Nem ficou ofegante. Isso me tranquilizou,

> pensei que seria eficiente. Agora, por outro lado, ela tem um sotaque bem forte, porque vem de... de lá, né?, diretamente, então tudo bem. É meio estranho, mas pensei que tudo bem, afinal não era para ajudar com os deveres escolares que eu a queria.

Em seu livro sobre cuidadoras de crianças em Paris, Caroline Ibos mostra como as patroas atribuem às babás marfinenses qualidades estereotipadas como "calor humano" e instinto materno.[21] Aqui, Guillemette julga a competência de Awa com base em qualidades e defeitos que atribui às mulheres negras. Ela estabelece uma ligação muito clara entre o sotaque, a cor da pele, a nacionalidade marfinense, a força física e a suposta incapacidade de ajudar nas lições de casa. No fim, Awa não foi contratada: Guillemette disse que "com aquele físico, vai assustar os vizinhos do prédio".

As mulheres serviçais estão tão sujeitas aos estereótipos racistas quanto os homens, e sabem que serão em grande parte contratadas com base neles. Por isso, "interpretam a negra", como disse com cinismo Christelle. Natural de Guadalupe, ela fica indignada de sempre ser reduzida às suas origens caribenhas, embora seja francesa e considere sua pele muito clara. Mas ela entendeu que, para ser contratada, precisa se conformar ao que os ricos esperam das guadalupenses: "Você é mestiça, tem que usar um lindo cabelo trançado, usar algumas estampas em tecido madras ou wax, de qualquer forma eles nem sabem a diferença, e cozinhar uns pratos apimentados". Antes de servir aos ricos, Christelle, que chegou à França metropolitana aos 4 anos, nunca cozinhava pratos guadalupenses ou africanos. Começou porque percebeu que seria uma vantagem. "Demorei para entender que não devia apagar o fato de vir de Guadalupe, mas usá-lo de maneira astuciosa." E, como dizem muitas serviçais, incorporar os clichês racistas é inevitável, mas apenas na medida certa.

Uma pitada de exotismo

Christelle faz questão de destacar o que chama de seu "lado caribenho", mas também sabe que não deve exagerar. Os ricos estão em busca de exotismo em suas serviçais. Esperam que as serviçais encarnem uma certa "cultura", à qual atribuem modos de ser, pensar e agir. Mas o exotismo não deve invadir suas casas. Christelle já foi criticada por usar brincos coloridos demais, sua patroa a repreendeu por "parecer caribenha demais". O cheiro das serviçais imigrantes também provoca comentários violentos. Inúmeras patroas afirmam que suas serviçais indianas, sri-lankesas, marroquinas e marfinenses "cheiram a especiarias", e que isso as incomoda. Muitas, sem ousar dizer isso diretamente às empregadas, oferecem desodorantes e perfumes ou sugerem que abram as janelas com frequência para "espantar os maus odores". O cheiro é um exemplo marcante daquilo que, de modo geral, delimita as fronteiras do exotismo: a higiene.

Na hora de escolher uma serviçal, os ricos expressam o que os sociólogos Wilfried Lignier e Julie Pagis chamam de "nojo cultural de pessoas", que também revela um preconceito racial em relação aos serviçais.[22] Um cheiro desagradável, um corpo que parece sujo, uma higiene duvidosa são críticas majoritariamente direcionadas a empregadas oriundas da África, da Ásia e da América Latina por ricos oriundos da Europa Continental e do Norte, da Rússia, dos Estados Unidos e da Austrália. A sujeira dessas serviçais não é atribuída apenas à cor da pele, mas também ao fato de elas virem de países considerados "subdesenvolvidos", onde supostamente desconheceriam as regras básicas de higiene. Assim, as patroas já partem de um juízo negativo sobre a higiene das serviçais. Na entrevista de emprego, verificam se elas têm as mãos ou as unhas sujas, cabelo oleoso ou roupas manchadas. Há sempre uma suspeita de que as serviçais negras possam ser portadoras de doenças: "Das negras, a gente sempre desconfia mais, porque todo mundo sabe que lá tem aids, malária, tuberculose e o pacote todo. Eu não quero isso na minha casa", alerta uma patroa que, por outro lado, diz gostar de contratar pessoas negras para "aprender coisas sobre a África". Encontrar a serviçal certa significa permitir a entrada da alteridade em casa, uma alteridade que desperta curiosidade, mas que precisa ser rigidamente controlada.

Percebi o comportamento ambivalente dos ricos frente à alteridade de suas serviçais alguns anos antes de começar minha pesquisa, quando trabalhei como *nanny* e ajudante de cozinha em meio período na casa de uma família milionária. Eu era estudante e procurava um bico. Foi meu médico, na época, quem me passou o contato de uma de suas pacientes, Catherine, filha de Geneviève, mencionada nas primeiras páginas deste livro. Ela estava procurando uma "moça" para ajudar nas tarefas domésticas e parentais. Por um ano, fui várias noites por semana à casa de Catherine, Christian e seus dois filhos. Também fui levada por um verão à China, onde trabalhei como *au pair* na segunda residência da família. Por razões profissionais, a família dividia o tempo entre França e China. No auge dos meus estudos de sociologia, eu preenchia meticulosamente dezenas de cadernos com tudo o que observava e ouvia naquela casa. Decidi reabri-los três anos depois e relê-los com um olhar sociológico renovado e mais experiente. Catherine costumava perguntar por notícias minhas uma vez por ano, então aproveitei a oportunidade para pedir autorização para falar de minha experiência em sua casa. Ela aceitou, com a condição de que eu mudasse seu nome e o de todos os seus familiares. Na casa dela, eu trabalhava com Rachid, Sofia e Michaela, serviçais polivalentes, Si Yu, a *nanny* em tempo integral, e Fabrice, o motorista. Rachid costumava fazer muitas piadas caricatas sobre a cultura argelina, o que agradava muito aos nossos patrões. Ele imitava uma dançarina oriental balançando os quadris na frente das crianças e cantando com voz exageradamente anasalada. Ele às vezes usava uma djelaba e dizia que tinha usado jeans pela primeira vez aos 21 anos. Também inventava expressões como "é melhor que uma almôndega" ou "é mais bonito que um makroud" (um doce de sêmola, açúcar e tâmaras). Rachid e eu éramos muito próximos. Ele me lembrava de um colega marroquino que, quando adolescente, fazia questão de encenar sua "cultura" diante de professores brancos cujas falas eram carregadas de racismo cotidiano. Quando ficávamos sozinhos, Rachid frequentemente dizia que era o "argelino de plantão, que só tinha as qualidades dos argelinos". Segundo ele, foi assim que conseguiu ser contratado por Catherine. Ele contava que, durante a entrevista, Catherine logo havia dito que gostava do seu perfil porque gostava dos argelinos. Seguiram-se perguntas como: ele sabia fazer um bom cuscuz? Sabia cantar "músicas orientais" e dançar ao som de percussões? Poderia trazer tecidos bonitos "de lá"? Como tinha aprendido a falar francês? Como se vestia ao visitar a família na Argélia? Eles ainda faziam pão de sêmola em forno tradicional? Rachid teve que representar sua nacionalidade argelina e mentir. Ele admitia ter feito de tudo para corresponder ao tipo de argelino que Catherine esperava, e continuava a fazer.

"O argelino caloroso, engraçado, que traz o sol para dentro de casa, que está bem integrado na França mas ainda tem várias coisinhas exóticas legais, sou eu", ele disse um dia, depois de cantar *raï** a plenos pulmões na cozinha ao meu lado. Quando eu quis saber se ele realmente gostava de *raï*, ele respondeu em um tom mais sério: "Você acha que tenho escolha?". E, depois de verificar discretamente se Catherine não estava por perto, sussurrou: "Acho um saco".

Para servir aos ricos, Rachid teve que encarnar o que ele chama de Kinder Ovo: "marrom por fora, branco por dentro". Ou seja, falar um francês perfeito, sem sotaque, explicar detalhadamente nas entrevistas de emprego o quanto ama a França, garantir que não é muçulmano, a ponto de se obrigar a comer porco na casa dos patrões. Para ele, essa é a condição para ter uma carreira. Os serviçais não se iludem: a qualquer momento, a essencialização racial de suas qualidades pode se voltar contra eles.

Os ricos sempre têm a palavra final

A exotização dos corpos das serviçais se insere em imaginários pós-coloniais já bem descritos pelas ciências humanas e sociais.[23] Os super-ricos contratam suas serviçais com base em hierarquias e estereótipos raciais que são a expressão muito clara da dominação de classe e de raça que estrutura as relações sociais. Isso contribui diretamente para inferiorizar quem os serve. Dizer que mulheres negras são "maternais", que asiáticas são "dóceis", ou que homens árabes são "resistentes", legitima que sejam empregados como

---

* O *raï* é um gênero musical popular da Argélia, nascido na região portuária de Orã (no oeste do país) por volta dos anos 1920. [N.T.]

serviçais, ao mesmo tempo que as exclui de outros setores profissionais para os quais elas não teriam competências. Esses estereótipos reforçam nos ricos a ideia de que, ao contratar serviçais, eles estão ajudando a salvar uma parte da população que não teria outro trabalho porque seria constituída de imigrantes, pouco escolarizada, pouco inteligente etc. Exotizar as qualidades das serviçais também legitima a divisão do trabalho dentro da própria casa: os cargos de chefia são reservados às domésticas brancas e/ou vindas da Europa e dos Estados Unidos; os cargos subalternos, às outras. E mesmo quando essas últimas sobem na hierarquia, conforme acumulam experiência, precisam, mais que as demais, provar que merecem seu cargo e seu salário, e demonstrar gratidão. Como disse um patrão: "No país de origem, [elas] não ganhariam nada".

Às vezes, as serviçais recusam uma colocação mesmo depois de uma entrevista ou de um período de teste bem-sucedido. Analiz já fez isso. Amori também. Ambas têm anos de experiência na profissão, uma rede consolidada entre os super-ricos e suas empregadas, e sempre recebem várias propostas. Elas podem, como diz Amori, escolher à vontade. As serviçais também carregam muitos estereótipos sobre os ricos. Os novos-ricos têm fama de oferecer bons salários e ótimos presentes. Aristocratas são descritos como pão-duros. Russos, coléricos. Americanos, mais tranquilos. Franceses, estressados. A essencialização de classe e raça também existe entre as serviçais em relação aos seus patrões. Certa vez, Trisha ofereceu a Amori um emprego com multimilionários chineses na Riviera Francesa. Ela não aceitou, pois havia jurado que nunca trabalharia para patrões chineses. "Nós, filipinas, desconfiamos dos chineses", afirmou. Analiz pediu demissão dias depois de começar em um emprego porque "teve medo de trabalhar para gente do Oriente Médio". De fato, as serviçais costumam hesitar em aceitar vagas nas casas de emiradenses instalados na França, tidos como muito ricos, porém escravagistas.

O entendimento entre patrões e serviçais repousa em uma dominação simbólica dos primeiros sobre as segundas: ao jogar o jogo de se conformar aos estereótipos e expectativas dos ricos, as serviçais contribuem para reproduzi-los. É possível fazer diferente? "De qualquer forma, os ricos sempre têm a palavra final, é melhor saber disso desde o início!", exclama Christelle com humor e amargura, enquanto prepara à minha frente bolinhos de bacalhau sem pimenta – bolinhos caribenhos, mas não muito.

Nem todo mundo pode se dar ao luxo de escolher o patrão. Na verdade, isso é bastante raro, já que os empregos a serviço dos ricos são limitados. O número de candidatas, por outro lado, é ilimitado. A busca pelo bom partido é estruturalmente assimétrica, mesmo quando se é, como Marius, um mordomo bem estabelecido na profissão, que já acumulou dinheiro graças a relações duradouras com seus patrões. É preciso manter a discrição no primeiro emprego na casa de um particular. "Submisso, submisso, submisso", repete Marius quando falamos sobre o que lhe permitiu fazer carreira no serviço doméstico. Ele encarnou "o pobre imigrante que obedece, trabalha e se sente em dívida com todos os que lhe deram emprego". Até hoje, ele procura se lembrar de onde veio e repete ao patrão que sua fidelidade é uma obrigação, em reconhecimento a todos os que lhe abriram as portas desse paraíso com aparência de gaiola dourada que é o universo das grandes fortunas.

4

Corpos no trabalho

Cinco horas da manhã. Depois de vinte e quatro horas ao lado de Mariana, não consigo dormir. Ela havia me convidado a acompanhar um dia de trabalho particularmente puxado, em que as tarefas se encadeiam de maneira frenética e qualquer sinal de cansaço precisa ser logo ignorado. Amanhã, ou melhor, dentro de poucas horas, Mariana receberá o tio e a tia de sua patroa, vindos diretamente da Rússia. Ela só os viu uma vez, mas guarda a lembrança de um casal frio, arrogante e exigente, sempre pronto a criticar a limpeza e a decoração do apartamento, e condescendente com ela. Mariana estabeleceu como metas limpar tudo, reconfigurar os ambientes, cozinhar e congelar os pratos a serem servidos durante a estadia de uma semana do casal, além de procurar, nos quatro cantos de Paris, um edredom de plumas de ganso de uma grande marca de luxo. Foi a primeira vez que me senti útil ao lado dela, encarregando-me dessa última tarefa e descobrindo, com espanto, a existência de edredons que custam mais de 2 mil euros. Também a ajudei a polir, cozinhar e organizar os potes da cozinha. Nossa agitação foi tal que meu corpo inteiro ainda parece em movimento, apesar do avançado da hora.

Mas, acima de tudo, estou tomada por um excesso de pensamentos e emoções. Penso em Mariana, que deixei há apenas duas horas. O que estará fazendo agora? Estará dormindo? Estará pensando nas confidências que me fez no começo da noite? Estará ainda costurando o casaco da patroa que tinha nas mãos enquanto conversávamos em seu quarto? Mariana também sempre teve problemas para dormir. "*Preocupada, tan preocupada*", repetia sem parar, explicando que, mesmo à noite, precisa se ocupar para se sentir menos ansiosa. Foi por isso que me pediu para estar a seu lado. Preocupada com os dois convidados de seus patrões, ela também está angustiada com uma de suas avós, cujo estado de saúde piora a cada dia. Na véspera, recebeu um telefonema da Colômbia com más notícias. Mariana talvez precise fazer um bate-volta. Sua filha também a preocupa. Ela abandonou subitamente os estudos de contabilidade e quer ir para a Venezuela com um homem que conheceu há algumas semanas. Diante de tantas preocupações, Mariana se sente sobrecarregada. Eu a entendo. Naquela noite, também lhe confessei os problemas que enfrento tentando dar conta de tudo, tanto na vida familiar quanto profissional. Quando a relação com as entrevistadas se intensifica, não podemos esperar que suas confidências fiquem sem retorno. A lógica da "dádiva e contra-dádiva" permeia a pesquisa imersiva.[1] Com as serviçais, minhas confidências eram um sinal de confiança e respeito mútuos. Com que direito eu, socióloga, teria o privilégio de saber tudo sobre elas, e elas nada sobre mim? Pesquisadoras e pesquisadores também têm uma história de vida e sentimentos. Muitos se esforçam para não deixá-los transparecer, mas essa "partilha de si" com as pessoas entrevistadas é, por vezes, a própria condição para uma pesquisa bem-sucedida.[2] O cotidiano de Mariana não tem nada a ver com o meu. Sua infância e trajetória tampouco. Sua idade, suas origens sociais e geográficas também são diferentes. Mas nós duas somos mulheres. Essa condição de gênero nos rende experiências semelhantes, além de formas comuns de perceber o mundo, e sem dúvida alguma favoreceu nossa cumplicidade.[3] A "doação de si" que preocupa Mariana, que consiste em estar sempre cuidando dos outros, também me atravessa enquanto mulher. Naquela noite, conversamos sobre as maneiras como cada uma cuida dos outros em sua vida profissional, familiar, conjugal e social. Se isso afeta tanto nossos pensamentos e corpos, não é porque, como diz Mariana, "somos sensíveis demais". É uma maneira generificada de se colocar no mundo, um papel social construído como "feminino" que internalizamos[4] plenamente e desempenhamos junto às nossas famílias, amigos e colegas. Diante dela, porém, o cuidado que eu dispensava aos outros naquela época me pareceu subitamente insignificante.

Criada faz-tudo você será

A Organização Internacional do Trabalho (OIT) estima que, no mundo, oito em cada dez serviçais são mulheres.[5] Quando informei esse número a Mariana, ela me olhou surpresa, depois reconsiderou: "Só podia, nós mulheres temos isso na pele!". Como muitas outras serviçais que conheci, Mariana critica a incompetência dos homens no trabalho doméstico. Mas sua crítica está carregada de ironia: ela sabe, mesmo sem conhecer os termos técnicos, que a suposta "aptidão" das mulheres para as tarefas domésticas não tem nada de inata. "O que fazem os maridos de todas essas mulheres enquanto elas se matam limpando a merda dos outros?", ela me pergunta, revoltada. Ouso devolver a pergunta: "E o seu marido, o que fazia enquanto você estava na França?".

Mariana tem 43 anos. É colombiana e vive na França desde os 17. Na Colômbia, seu pai, já falecido, trabalhava em uma plantação de café por um salário miserável. Sua mãe, sem profissão remunerada, cuidava dela e de suas duas irmãs, da casa e da horta. Mariana descreve sua infância como difícil e infeliz. Abandonou a escola aos 12 anos para trabalhar com o pai e levar algum dinheiro para casa. Aos 15 anos, como muitas adolescentes das zonas rurais colombianas, foi enviada pelos pais a Bogotá para trabalhar como serviçal *interna*, ou seja, em tempo integral, com moradia e alimentação fornecidas pelos empregadores.[6] Ela afirma ter sido bem tratada por essa família, que a autorizava a sair aos domingos e lhe dava algum tempo livre à noite, depois do jantar. Mas Mariana engravidou: escondeu a gravidez sob roupas largas até que a filha do casal notou e contou à mãe. De um dia para o outro, foi mandada de volta à casa dos pais, que, em poucas semanas, a casaram com um homem do vilarejo, Nico, um horticultor vinte anos mais velho. Era preciso a todo custo evitar o escândalo de uma gravidez fora do casamento. Mariana, apavorada com a ideia de ser mãe, ficou aliviada que um homem pudesse sustentar o bebê. A estabilidade econômica não durou. Quando a filha tinha um ano, Mariana viajou para a França, em busca de um salário de verdade que pudesse ajudar a filha e os pais. Seu pai, doente, já mal podia trabalhar, e Nico ganhava muito pouco. Ela falou com uma prima distante em Paris, que organizou sua viagem e encontrou seus primeiros empregos de faxineira no

16º *arrondissement*. Seu trabalho agradava tanto às patroas que uma delas, uma rica CEO, sugeriu que ela trabalhasse em tempo integral, limpando, cozinhando, fazendo as compras, cuidando das crianças, dos pássaros, das recepções. Esse emprego marcou sua entrada no mundo das grandes fortunas.

Hoje, Mariana é, como ela mesma diz, "criada faz-tudo dos ricos". Está divorciada de Nico há dez anos. Quando pergunto: "E o seu marido, o que fazia enquanto você estava na França?", ela responde: "Enquanto eu limpava a merda dos meus patrões, ele fazia merda". Por intermédio da filha e da mãe, Mariana ficou sabendo que o marido a traía: tinha outras mulheres e outros filhos.

Mariana é uma das mulheres que a socióloga Arlie Hochschild chama de "o novo ouro do mundo": mulheres dos países do Sul que deixam suas famílias pobres para cuidar das famílias ricas dos países do Norte.[7] Mulheres como ela, migrantes da primeira geração, são muito comuns entre os ricos. Às vezes elas emigram com marido e filhos, mas mais frequentemente vêm sozinhas e mandam dinheiro para "casa". São mulheres racializadas procuradas pelas patroas por suas supostas qualidades de serviçais dedicadas. Uma essencialização que Mariana encarna à perfeição. Faz cinco anos que ela trabalha a poucos metros do Trocadéro para Yves, um trader, e sua esposa Svetlana, sem profissão. Nunca ficou doente. Ou melhor: nunca faltou ao trabalho, mesmo adoentada. Mariana reivindica uma identidade de mulher das classes populares rurais, "trabalhadora", "resistente", "corajosa", "forte", uma forma de *virilidade no feminino*.[8] Ao mesmo tempo, ela sabe que sua coragem não tem nada de natural: "O trabalho não está nos meus genes, é que eu nunca tive escolha!". A miséria e o modelo patriarcal em que cresceu a predestinaram, segundo ela, a se tornar uma "criada faz-tudo".

Uma corrida contra o relógio

Na casa de Yves e Svetlana, Mariana trabalha sozinha. Ela está acostumada: em seus sete empregos anteriores, também estava sozinha. Trabalhou com *nannies* e motoristas contratados em tempo integral, mas que tinham tarefas limitadas – cuidar das crianças, transportar os patrões. Yves e Svetlana têm uma *nanny*, Inna, que Mariana conhece pouco. Quando os patrões, que passam metade do ano em Luxemburgo, estão em Paris, as duas serviçais convivem, mas sem se falar. Inna só fala russo, a língua de Svetlana, que Mariana não compreende. Ela diz "desconfiar dos russos", que julga frios e impenetráveis. Entre serviçais, os estereótipos raciais sobre as outras também circulam. Tendo me tornado próxima de Mariana ao longo de nossas conversas, me permito observar: "Svetlana também é russa...". "Sim, mas os russos ricos pagam bem!", ela responde rindo, explicando que o salário compensa um pouco o temperamento de Svetlana.

Na casa de Yves e Svetlana, Mariana se sente bem tratada. Ganha 2.300 euros líquidos por mês e usufrui gratuitamente de um pequeno apartamento de 35 m^2 no quarto andar do prédio dos patrões. Ela nunca os acompanha a Luxemburgo, onde eles têm outra funcionária, e, quando viajam, ela cuida do apartamento parisiense e o mantém limpo. Essas condições lhe convêm, pois ela não gosta de seguir os patrões em todas as viagens deles. "Quando os patrões te levam de férias, nunca são férias para você, é ainda mais cansativo do que o normal", garante, referindo-se ao emprego anterior, cinco anos atrás, em que viajava com os patrões durante todas as férias escolares para cuidar das crianças, e voltava "exausta". Mariana mantém boas relações com Svetlana, tocada pela generosidade da patroa: "Ela é muito generosa e me dá muitos vestidos e bolsas". No início de minha pesquisa, Yves, seu patrão, depois de me passar o número de Mariana, me dissera, orgulhoso: "Ah, você vai ver, Mariana não é uma criada faz-tudo maltratada, ela tem uma bolsa Louis Vuitton!". Foi a única vez que um empregador me direcionou à serviçal: "Ela vai saber falar melhor do trabalho do que eu, e acho que vai dizer que não é infeliz!", ele escreveu no SMS com o número de Mariana. Nunca mais tive contato com ele depois. Mas ao estabelecer um vínculo forte com Mariana, logo descobri que sua vida não se resume ao prazer de possuir uma bolsa Louis Vuitton.

Mariana trabalha muito. Svetlana frequentemente a lembra disso: "Ela me diz: 'Mariana, você trabalha demais, descanse!' Mas quando é que eu posso realmente descansar?". De fato, é difícil encontrar um momento para respirar em uma agenda tão cheia. Um dia típico de trabalho de Mariana seria:

> *7h45*: Na "sala dos fundos", situada atrás da cozinha, Mariana abre a máquina de lavar, tira as roupas lavadas durante a noite e as separa: uma parte vai para o varal, a outra para a secadora.
> *8h15*: Mariana guarda as roupas secas do dia anterior nos diferentes armários da casa: quarto de hóspedes, quarto de Yves e Svetlana e closet do casal, quarto do filho Lucas, quarto da mãe de Yves.
> *10h30*: Mariana termina de arrumar o quarto da avó, que visita todos os fins de semana. Ela sempre começa espanando os tapetes e troca os lençóis a cada três dias. Vamos até a cozinha, e Mariana verifica as compras que fez no dia anterior. Depois, começamos a preparar o almoço de Lucas e sua mãe.

11h: Mariana me leva até a sala dos fundos, liga novamente algumas máquinas e pega panos de limpeza e alguns produtos. Ela tira o pó de todos os cômodos do apartamento, lustra móveis, armários, mesas, objetos de decoração, cadeiras, e de tempos em tempos solta os panos e os produtos de limpeza para bater os sofás e as poltronas.

11h45: Hora de cozinhar tudo o que foi preparado uma hora antes. Também é o momento em que Lucas volta da escola, com a mãe.

12h30: Lucas e Svetlana se sentam à mesa de jantar da sala, posta por Mariana. No almoço, Mariana serve a refeição, enquanto à noite deixa os pratos prontos na cozinha. Eu a ajudo a servir as entradas com saladas cruas, dispostas em pratos. A refeição dura cinquenta minutos. Svetlana vai tirar uma soneca, Lucas volta para a escola. Nesse meio-tempo, Mariana já limpou a mesa, encheu a lava-louças e preparou a cama de Svetlana: ela abre uma ponta do edredom e coloca ali "seu romance do momento".

13h50: Mariana me convida a "beliscar alguma coisinha". Tostamos algumas fatias de pão e comemos torradas de queijo e uma salada. Depois, voltamos ao trabalho. Mariana me pede para segui-la até a sala dos fundos. Ela pega o aspirador de pó e corre para o quarto da mãe de Yves. Vai limpando cômodo por cômodo, aspirando com uma mão e segurando com a outra um grande saco de lixo preto, onde esvazia todas as lixeiras de cada cômodo.

16h10: O aspirador é desligado. Mariana vai limpar os banheiros, me oferece algo para beber – eu é que lhe sirvo um copo d'água –, guarda o aspirador na sala dos fundos. Depois, pega a bacia e o esfregão. Passa pela cozinha, pega o achocolatado em pó, o leite e os brioches feitos por ela mesma para o lanche de Lucas.

Ela me propõe preparar o lanche de Lucas enquanto se troca rapidamente para ir buscá-lo. Menos de dez minutos depois, eles voltam. Mariana coloca novamente o uniforme de trabalho e passa o esfregão em todo o apartamento. Levo o lanche para Lucas. Svetlana pinta na sala. Depois, Mariana e eu começamos a preparar o jantar.

19h05: Svetlana chama Mariana pela porta da cozinha e pede um suco de limão fresco. Mariana faz o suco. Em seguida, ela vai ao quarto de Lucas verificar se ele já tomou banho e fez a lição de casa. Mariana dá o jantar a Lucas na cozinha. Vai até a sala dos fundos guardar a bacia e o esfregão, e coloca no centro da mesa de Yves e Svetlana um grande prato de cuscuz. Em seguida, faz uma inspeção da casa: faz uma lista com as coisas a fazer, arrumar, encomendar ou comprar.

20h20: Fim da preparação do jantar, de colocar Lucas na cama e da inspeção. Saímos do apartamento e subimos até o de Mariana. Às 22h30, Mariana desce novamente para lavar a louça e arrumar a cozinha. Vai dormir às 00h30, depois de deixar o café da manhã do dia seguinte servido e assistir um pouco de televisão em seu apartamento.

Meu caderno de campo tem muitos outros detalhes sobre os esforços físicos de Mariana durante seus dias de trabalho. Ela está sempre indo e vindo pelo apartamento, anda sem parar e nunca se senta, nem mesmo para comer. Ela carrega muitas coisas pesadas: cestos de roupa, aspirador de pó, escada, lixeiras, caixas de produtos de limpeza, panelas, mesas, cadeiras, poltronas, tapetes. A exaustão física é uma característica recorrente do trabalho doméstico, que impõe esforços contínuos, às vezes violentos, responsáveis por muitas dores. Todas as serviçais que entrevistei reclamam de dores nas costas, tensões musculares nas pernas, fadiga extrema, dores de cabeça. Aliás, essa profissão é uma das mais expostas a acidentes de trabalho e a distúrbios musculoesqueléticos.[9] O esgotamento é exacerbado pela exposição constante a odores repulsivos: produtos de limpeza, comida, banheiros, lixeiras, esgoto, roupas sujas, alimentos vencidos. Frequentemente, Mariana pula o almoço, mais por nojo do que por falta de tempo: "Estou constantemente enjoada, nunca tenho fome", ela diz. Ela guarda restos de comida em um Tupperware que leva à noite para o seu apartamento, para "comer tranquila" vendo televisão, o único momento em que percebe que precisa comer para "aguentar". O quarto das serviçais é o único lugar onde elas se permitem breves momentos de descanso para recarregar as energias. O filme da antropóloga e cineasta Armelle Giglio-Jacquemot[10] sobre a vida cotidiana de Nice, uma "doméstica" de ricos no Brasil, captura diversos momentos em que a serviçal se acomoda em seu pequeno quarto, diante da televisão, com o prato na mão, em uma pausa profundamente íntima e efêmera.

As serviçais têm dificuldade de verbalizar a dor e a fadiga. Reclamar é proibido quando se está sempre "correndo contra o tempo", como explica Maria-Celesta, ex-governanta de mais de 70 anos, que conheci por meio de Mariana. Respeitada em uma comunidade católica colombiana ligada a uma igreja sul-americana parisiense, foi ela quem arranjou o emprego de Mariana. Hoje aposentada, continua morando com seus antigos patrões, que arcam com todas as suas despesas em "agradecimento por ter dado [sua] vida por eles", como ela diz. Maria-Celesta conhece o cansaço. Ela trabalhou mais de quarenta anos para os mesmos patrões, o que é raro. Na França, os empregos domésticos em tempo parcial são marcados por alta rotatividade.[11] Apesar da falta de estatísticas precisas, constatei o mesmo entre as serviçais em tempo integral dos ricos: cerca de 80% das que entrevistei ocuparam cargos por menos de três anos.

A trajetória de Maria-Celesta é, portanto, excepcional. Ela trabalhou por quatro décadas anos no 8º *arrondissement* de Paris e só voltou à Colômbia cinco vezes para ver os quatro filhos. Por quarenta anos, ela nunca parou de trabalhar, escondendo o cansaço, as quedas, os problemas na coluna e na lombar. "Um dia, caí feio, escorreguei no chão molhado. Fiquei imóvel por vários minutos... Quase perdi os sentidos. Mas me levantei. Sou trabalhadora." Várias semanas depois do acidente, de que ninguém soube, Maria-Celesta não consegue mais dormir. Decide então ir ao médico, apesar da falta de tempo: "Eu emendava tudo, dia e noite, precisava dar conta".

Maria-Celesta sempre adiantava o trabalho – mas em vez de usar esse tempo para um descanso durante o dia, ou aproveitar suas noites livres para relaxar, ela o usava para preparar o dia seguinte ou "fazer umas coisinhas", como costurar roupas, preparar pães caseiros para o café da manhã ou limpar seu próprio quarto. Quando o médico receitou anti-inflamatórios e recomendou ao menos um mês de repouso, ela não aceitou. "Eles não podiam fazer nada sem mim", disse sobre seus patrões. "Eu fazia tudo funcionar no apartamento, e eles contavam comigo, sabiam que eu era eficiente e confiável." A sensação de serem indispensáveis na rotina dos patrões leva as serviçais a se dedicarem muito ao trabalho e a não falarem, ou sequer sentirem, dores ou enfermidades. "A gente se acostuma com a dor. A vida toda eu senti dor, a um ponto em que já não sentia mais nada!", exclama Maria-Celesta.

De tanto ter engolido as lágrimas de suas dores, hoje ela tem uma perna amputada, após sofrer uma paralisia. Só agora ela está cuidando da saúde, e os filhos de seus patrões percebem o quanto ela precisa de acompanhamento médico. "Há cinco anos, eu disse para eles, uma manhã, que seria amputada. Que estava tudo necrosado", ela conta, como se não fosse nada. "Eles não acreditavam. Ficaram chocados! Nem tinham percebido que eu estava com a perna paralisada há meses." Embora Mariana visse os patrões e os filhos deles todos os dias, eles não pareciam vê-la.

As serviçais não têm corpo

O corpo das domésticas é diariamente posto à prova. Como Mariana, elas encadeiam tarefas quase sem parar e, quando param, usam o tempo para adiantar tarefas futuras ou aperfeiçoar as que já foram feitas. Essa dimensão é central quando se trabalha para os ricos: para eles, ter serviçais significa receber um serviço personalizado e impecável.[12] A personalização do serviço pressupõe adaptação constante aos gostos e desejos dos patrões. E também antecipação: nos dias em que Svetlana volta da escola com Lucas, Mariana já sabe que ela vai pedir um suco feito na hora, de limão, toranja ou laranja. No meio da manhã, Mariana já deixa o espremedor e essas três frutas lado a lado, na bancada da cozinha. Toda noite, ela verifica o estoque de frutas. A antecipação cria uma carga mental. Muitas serviçais, como Mariana, têm sempre um caderninho ao alcance da mão. O que aconteceria se faltasse um limão no dia em que Svetlana quisesse um? "Um drama!", exclama Mariana, quando lhe pergunto. Ela explica: "Ela não diria nada, eu a conheço. Ficaria parada, na minha frente, e com um tom seco diria 'então suco de laranja!', suspirando bem alto. Para me deixar cheia de culpa". Mariana já sofreu as consequências da frustração da patroa: um dia, Svetlana queria uma toranja, e a única que havia estava mofada. Mariana não havia percebido ao fazer a inspeção do estoque. Svetlana não a repreendeu na hora. Mas à noite, enquanto lia na sala e Mariana arrumava a mesa, ela disse, sem se dirigir a ela nem olhar para ela: "Estou pensando se não devo trocar de criada".

"Estou em toda parte, o tempo todo, mas os patrões nem me veem!", indignava-se também Christelle, dizendo que exagerava seu "lado caribenho" para ser notada. Todas as empregadas mencionam o mesmo paradoxo: estão o tempo inteiro na casa dos patrões, precisam estar a postos e disponíveis a qualquer momento, mas se sentem invisíveis. Essa tensão entre hiperdisponibilidade e invisibilidade é particularmente acentuada e afeta profundamente seus corpos e corações. Mariana diz que se sente "tomada pelo frio" e "magoada" quando Svetlana fala dela como se não estivesse presente. "Dizer que vai trocar de criada é pura provocação. Mas me machuca quando não me dizem as coisas na minha cara." As serviçais frequentemente acusam os ricos de falta de franqueza. Também se ressentem por não serem vistas, ou melhor, por terem seu sofrimento ignorado, bem como a cor de seus cabelos e olhos, seu próprio corpo. "Ela me deu um vestido de seda, lindíssimo. Então o colocou na minha frente e gritou: 'Oh, Nadine, você é pequena mesmo!'. Ué, claro, tenho 1,48 m!", reclama Nadine, marroquina de 46 anos que trabalha como criada faz-tudo para o CEO de uma multinacional, sua esposa e seus filhos, novos-ricos que vivem entre a França e a Suíça. Segundo ela, é improvável que sua patroa acreditasse que um vestido longo, feito para uma mulher de 1,75 m, serviria nela. A prova: na entrevista, a patroa havia justamente elogiado sua baixa estatura, indício a seus olhos de uma personalidade discreta. Depois disso, Nadine se tornara invisível. Pior ainda, sua patroa nem sequer propôs trocar o vestido por outro, no tamanho certo: sugeriu que Nadine o ajustasse com um cinto, dizendo que, de todo modo, ela não estava ali para um desfile de moda.

Por que, então, os ricos não veem suas serviçais, ainda que, por outro lado, às vezes as exibam como um símbolo de status diante dos outros? Um desvio pela sociologia urbana esclarece essa questão. Dentro das cidades, a segregação espacial e a criação de "comunidades fechadas" (*gated communities*), que aumentam à medida que as desigualdades sociais se aprofundam, também permitem aos ricos viver protegidos dos pobres, coexistir com a pobreza explorando sua força de trabalho sem sofrer a violência que emana dos "guetos de pobres". Dentro das casas, o confronto entre os patrões e seus subordinados baseia-se em uma lógica semelhante. Esforçar-se para não ver as serviçais é uma condição da dominação íntima exercida pelos ricos. Entendi isso pela primeira vez quando uma patroa, Marielle, uma francesa de 47 anos casada com um rico banqueiro de investimentos, me falou sobre o desconforto que sentia diante de suas cinco serviçais. Até então, eu não havia conhecido muitos super-ricos que compartilhassem suas dificuldades de conviver com as serviçais. E não era por deixar de "puxar o assunto" durante nossas conversas. Desde o início, a convivência me parecia uma questão central do serviço doméstico. Mas os aristocratas lidam bem com ela. Essa naturalidade vem de uma socialização muito precoce com a presença diária de serviçais em casa e do aprendizado de estratégias para suportar a proximidade – de modo, justamente, a não vê-las.

São sobretudo os novos-ricos, novatos na convivência com serviçais, que confessam em entrevistas "não saber onde se enfiar", como diz Marielle. Enquanto conversamos sobre o incômodo que ela sente com a presença das serviçais, percebo seu mal-estar: suas frases são pontuadas por hesitações e seu olhar evita o meu, como neste trecho de entrevista.

> – É verdade que nem sempre é fácil...
> – *Estar com elas* [as serviçais] *todos os dias?*
> – Sim...
> – *Mas a senhora acabou se acostumando?*
> – Tive que me acostumar! Mas, na época, foi como um choque. Eu ficava... paralisada. Não sabia como dar ordens e, principalmente, não me sentia muito à vontade em casa... uma sensação de estar sendo invadida, vigiada... [...] No fundo, é preciso agir como se toda essa gente fizesse parte da decoração. Acabei me dizendo: você tem o castelo, o parque, os funcionários, não fique se questionando, de qualquer forma, tem espaço de sobra para todo mundo, o importante... é não ficar na frente de ninguém!

Há dez anos, Marielle e seu marido compraram um castelo em Aveyron. Foi a primeira vez que contrataram serviçais. Foram as vizinhas aristocratas de Marielle e, sobretudo, sua experiência de férias em um grande palácio, onde foi servida por várias empregadas, que lhe ensinaram, aos poucos, a se habituar com a presença de serviçais em casa. Filha de uma enfermeira e de um bombeiro, Marielle nunca havia sido servida antes, "exceto em restaurantes", diz ela. Seus pais não recorriam nem a faxineiras nem a baby-sitters, nunca se hospedavam em hotéis, e sua mãe, ela lembra, "nunca teve coragem de dizer à cabeleireira que já não gostava de seu corte de cabelo". O caso das novas fortunas mostra que ser servido não é algo natural e exige aprendizado.

Esse aprendizado se constrói passo a passo. Ter contato com empregados domésticos na infância, frequentar locais de lazer e férias (spas, hotéis, restaurantes sofisticados), exercer profissões que envolvem relações de serviço com subordinados (como secretárias)[13] determinam as maneiras de encarar o convívio diário com os corpos das serviçais. As menos experientes, como Marielle, precisam aprender a não ver as serviçais. Uma maneira de fazer isso é delimitar os espaços da casa entre aqueles especificamente destinados às empregadas – cozinhas e despensas, banheiros reservados, depósitos, porões e garagens – e aqueles onde sua presença é rara na ausência dos patrões – salas, banheiros e quartos. Certos castelos, aliás, ainda conservam marcas de uma forte divisão espacial entre "senhores" e "servos", como o de Gérard, aristocrata membro do Jockey Club, herdeiro de um castelo no Vale do Loire. Quando me recebe, ele me leva para visitar a adega, que na época de seus avós era o local onde as criadas cozinhavam, lavavam a roupa, armazenavam comida e equipamentos de jardinagem, e onde descansavam. Ele me mostra uma placa na parede com um sistema de alarme conectado a diferentes cômodos do castelo: quando precisavam de uma criada, os avós tocavam o sino do andar superior para chamar as que estavam trabalhando no porão.

Essa relegação das serviçais a porões adaptados para o trabalho materializa de forma brutal sua posição de dominados. Hoje essa separação é menos explícita, mas se expressa em estratégias de evitação entre patrões e serviçais. Estas últimas se apagam ao máximo, andando silenciosamente, mantendo-se caladas e com o olhar baixo, e os patrões evitam olhar para elas, mesmo quando estão dando ordens explícitas. As serviçais, assim, fazem parte da decoração: "ser mobília" significa, aliás, no universo do trabalho doméstico, permanecer discretamente a um canto da sala enquanto os patrões jantam ou tomam chá com convidados, pronta a atender seus desejos, como num passe de mágica.

Um teatro sem bastidores?

A tensão entre disponibilidade e invisibilidade das serviçais, entre ordens e cegueira por parte dos patrões, nasce da confusão entre palco e bastidores em um espaço, o lar, tradicionalmente concebido como íntimo, privado. O fato de as serviçais morarem no local perturba essa concepção: a casa é tanto o local de trabalho quanto, frequentemente, o local de moradia, e é difícil, tanto para elas quanto para os patrões, ter um espaço só seu. A casa é como um grande teatro onde patrões e empregadas desempenham seus respectivos papéis, mas onde faltam os bastidores. Os quartos, os banheiros, os porões, as despensas e os corredores podem servir para tirar a máscara e respirar, mas por pouco tempo. Mesmo quando os patrões se trancam por horas em um cômodo sem que as serviçais entrem, mesmo quando elas se isolam para fazer uma pausa, ambos sabem que o outro nunca está longe.

As serviçais não apenas sabem tudo de seus patrões como estão a par do que eles fazem a cada minuto. Essa exigência tácita de onisciência é indispensável para a personalização do serviço e para a antecipação que ele exige. "Aos domingos, Madame nunca se levanta na mesma hora. Mas assim que ela levanta, seus ovos com bacon precisam estar prontos, no prato, quando ela chega ao pé da escada.

Então o que eu faço? Ovos precisam ser feitos na hora. A partir das 7 horas, fico no banheiro bem embaixo do quarto dela. Assim, quando o assoalho range lá em cima, vou correndo para a cozinha!", explica Siham, uma mulher argelina de quase 60 anos, cozinheira e faxineira de uma família aristocrática que vive entre Londres, Paris e Nova York. Quando vou a seu encontro em uma das residências dos empregadores, no subúrbio oeste de Paris, ela me leva ao tal banheiro enquanto outra funcionária, Tasha, sobe ao quarto da patroa para que eu ouça o assoalho ranger. Para conseguir preparar o café da manhã na hora certa, Siham organiza sua rotina de modo a limpar o banheiro do térreo aos domingos pela manhã. Se a patroa acorda às 7h30, ela interrompe a faxina para retomá-la depois. Como Siham, as serviçais procuram se manter a par de tudo para se ajustarem continuamente ao ritmo às vezes imprevisível dos ricos.

Trabalhar em equipe, nesse contexto, ajuda muito. A excelência do serviço repousa em solidariedade laboral: assim como cada empregada tem seu cargo conforme sua especialidade, cada uma deve saber onde estão os diferentes membros da família que serve. Quando trabalhei para Margaret e Philippe, e depois para Christian e Catherine, trocava informações várias vezes por hora com minhas colegas sobre a rotina dos nossos patrões. Sabíamos em que cômodo se encontravam quando estavam no apartamento. Fui repreendida várias vezes por quase entrar em um quarto ou escritório ocupado, por não lembrar que estavam lá. Aprendi, por exemplo, a observar atentamente, mas com discrição, como meus patrões estavam vestidos, para poder avisar minhas colegas a levar pantufas se estivessem descalços, um colete se estivesse frio, ou a sugerir mudanças de roupa caso houvesse uma visita inesperada. Como costuma acontecer com os "recém-chegados no pedaço", expressão do meu antigo colega Rachid, fui treinada pelas serviçais mais antigas. Como no caso dos trabalhadores da hotelaria de luxo, é no local de trabalho, dentro das casas dos patrões, que as serviçais são expostas aos desejos dos dominantes, oscilando entre o *habitus* burguês e o *ethos* da servidão.[14] Manter-se a par de tudo o que acontece nesse grande teatro é fundamental para atender aos desejos dos ricos e facilitar ao máximo a movimentação dos corpos, entre evitações e interações controladas.

A habilidade dos empregados nesse desempenho de papéis é desconcertante para muitos patrões. Pois, ao contrário das serviçais que sabem de tudo, os patrões geralmente não sabem quase nada. Como explica Margaret, eles se esforçam para não ver as serviçais, relegando-as à decoração, mas muitas vezes não sabem nem onde elas estão. Paradoxalmente, isso é ao mesmo tempo o que os ricos buscam e o que os irrita, ou até os angustia. O relato de Jacques é bastante revelador nesse ponto. Jacques é um francês de 75 anos, oriundo da aristocracia. Vou a seu encontro no grande palacete onde ele vive em Paris, em uma noite de outono. Esse antigo empresário me recebe às 18 horas e me conta, até mais de 22 horas, sua infância passada em um castelo no oeste da França, onde trabalhavam várias serviçais. Ele também fala de sua experiência como empregador, de suas serviçais, depois de sua esposa, de seus filhos, de suas "pequenas histórias apaixonantes", como ele diz ironicamente. Ele tem muito senso de humor e demonstra grande interesse por minha pesquisa. Às 20 horas, quando sua esposa o chama para jantar, ele exclama: "Ah não, esta noite é dia de pesquisa!", antes de pedir que ela encomende uma pizza e um refrigerante para nós, pois "ele se sente subitamente rejuvenescido". Rimos muito, até que Jacques começa a falar dos inconvenientes de ter serviçais em casa. Com emoção, ele confessa o que sentiu com uma de suas antigas serviçais, Falia. Seu tom se torna hesitante, e sua voz trêmula revela seu desconforto:

> – *O que o incomodava em Falia?*
>
> – Eu não sei exatamente, devo dizer... Era... um sentimento provavelmente só meu, porque minha esposa, na época, não sentia o mesmo que eu. Eu achava que ela era uma moça muito honesta, gostava dela, estávamos felizes por a termos encontrado, na verdade, depois dos fracassos que tivemos! Depois... não sei se foi porque envelheci... [...] Eu não conseguia mais, sentia como se... como se ela estivesse o tempo todo presente, entende? Quero dizer, vou dar um exemplo concreto, porque isso não é concreto, me desculpe. Eu estava, por exemplo, na minha poltrona, essa aqui [ele aponta para uma poltrona à sua frente], e deixava essa poltrona na biblioteca, porque no castelo temos uma enorme biblioteca, e antes de mudarmos muitas coisas, essa poltrona ficava na biblioteca, lá. [...] Bem, eu estava tranquilo, na minha biblioteca, sem minha mulher para me incomodar [risos], e eu sabia que Falia, por volta das 22 horas, à noite, limpava a cozinha e ia descansar um pouco para ler também, em uma das salinhas. E eu não sei como eu sabia que ela estava lá, na salinha, que ela estava acordada, eu... eu não me sentia sozinho... não conseguia parar de imaginar o que ela estava fazendo, o que ela estava pensando. Mas, antes, isso nunca me acontecia... Eu cresci com dez serviçais, sabe, e eu não estava nem aí para o que eles pensavam... eles eram como que invisíveis, e então, acho que com Falia, eu tinha consciência de que ela existia.

Mesmo os ricos mais acostumados a serem servidos de repente tomam consciência da presença das serviçais. Às vezes, eles se dão conta, como Jacques, que não estão sozinhos em suas casas, e se sentem angustiados. Quando as serviçais voltam a ser, para eles, seres humanos, esses empregadores se perguntam o que elas pensam e fazem. Nesse ponto, os super-ricos demonstram muita imaginação. A criada maliciosa, traidora e violenta não é apenas uma fantasia de escritores e cineastas. As patroas dão uma importância crucial à seleção das serviçais não apenas para serem bem servidas. Elas temem as empregadas que roubam, que escutam atrás das portas, que espalham segredos, ou pior: as que envenenam ou matam. O medo invade até seus sonhos: uma manhã, Catherine, uma das duas patroas para quem trabalhei, entra na cozinha, onde várias serviçais estão ocupadas preparando um piquenique, e exclama: "Tive um pesadelo! Sonhei que todas vocês me estrangulavam enquanto eu dormia!".

Nunca ouvi falar, na realidade, desse tipo de história sórdida. Já me falaram de roubos, mas o risco de vingança sobre os patrões é muito pequeno. Os ricos, no entanto, permanecem vigilantes. Eles são vítimas de seu próprio jogo: ao querer que as serviçais sejam invisíveis, temem ser silenciosamente mortos por elas. Diante do risco, mesmo ínfimo, de que a relação de dominação se inverta, controlar as serviçais se revela fundamental.

O olho do patrão

"Você tem que ficar mais tranquila quando eles não estão em casa!", digo ingenuamente a Mariana quando ela me liga no dia seguinte à partida de seus patrões para

Luxemburgo. Eu estava totalmente enganada. Vários meses por ano, Mariana fica sozinha no grande apartamento. "Tenho tudo só para mim!", ela me diz quando chego, antes de se corrigir: "Mas também não é nenhuma festa". As responsabilidades de Mariana mudam quando ela está sozinha em Paris. Ela não precisa mais cozinhar nem fazer compras, tem menos roupa para lavar e passar, e menos tarefas para antecipar. No entanto, ela se torna a guardiã do apartamento e de sua manutenção. "Um apartamento tão grande, mesmo desocupado, suja constantemente, acumula poeira, e sempre tem muita coisa para fazer", ela me garante, enquanto cola a moldura de madeira de um pequeno quadro que decora o quarto de Lucas. Mariana faz faxina todos os dias, conserta, cola, costura, leva roupas para a lavanderia, entrega tapetes para limpeza, reorganiza os cômodos, lava as paredes, dá um "toque de frescor" em alguns móveis, limpa a prataria. Às vezes, ela recebe amigos ou familiares de Yves e Svetlana. "Meus patrões são generosos, emprestam o apartamento para outras pessoas", explica Mariana. No entanto, os momentos em que ela pode relaxar, aproveitar a grande varanda com vista para a Torre Eiffel, a jacuzzi que fica em um dos banheiros ou o grande sofá de veludo da sala, são raros. "Você acha mesmo que eu posso fazer o que quiser aqui?", pergunta Mariana olhando para o teto. Levanto a cabeça e não vejo nada, mas entendo na hora: na casa dos patrões, Mariana está constantemente sob o olhar das câmeras.

Há câmeras por toda parte na casa dos ricos, especialmente nas novas fortunas. Vários empregadores me falam das câmeras que instalam em suas múltiplas residências. Alguns aparelhos são ligados a um alarme e detectam a invasão de ladrões, mas outros, silenciosos, vigiam as serviçais.

Estas últimas nem sempre sabem da presença das câmeras nas casas onde trabalham, mas as mais experientes desconfiam e "se comportam direitinho", como diz Marielle. Inicialmente contrária à instalação de câmeras em sua casa, ela acabou convencida por uma amiga. Agora tem certeza de que é uma boa maneira de inibir furtos das serviçais e motivá-las a trabalhar. "Não suporto quando [elas] não fazem nada, não estou pagando para não fazerem nada!", ela explica, para justificar a colocação de uma câmera em um dos corredores do apartamento onde "elas [as serviçais] tendiam a conversar demais". Quando os ricos não sabem o que as empregadas estão fazendo, a câmera sabe. No entanto, eles quase não assistem às imagens. "Acho que faz dois anos que não confiro nada", admite Marielle, que nem sabe onde ficam armazenados os arquivos de gravação. Na verdade, nem ela nem o marido cuidam da câmera. Quem tem as senhas para acessar o computador conectado às câmeras é Timothée, o mordomo.

Quando os ricos não querem ver suas serviçais, outros fazem isso por eles: câmeras, mordomos ou governantas. Os aristocratas, aliás, consideram estes últimos muito mais eficientes que as câmeras. "Tivemos uma governanta, Jeanne, que tinha um olho de lince!", lembra Jacques, falando do dia em que ela repreendeu a cozinheira porque esta havia passado discretamente o dedo no creme do bolo de um renomado confeiteiro que estava na câmara fria à espera de ser servido. Se a casa dos ricos fosse uma fábrica, os mordomos e governantas seriam os capatazes. No topo da hierarquia dos serviçais, sua posição é ambígua: eles são os mais bem pagos, os mais cúmplices dos ricos, comandam os outros, mas, em contrapartida, são responsabilizados por todos os problemas e temidos por seus subordinados, que muitas vezes os veem como traidores. E não sem motivo: os mordomos são contratados para serem fiéis e devem demonstrar lealdade inabalável a seus patrões.[15] De jeito nenhum eles se rebelariam ou incentivariam os outros a se permitirem certas liberdades. Pelo contrário: fazer advertências, e mesmo denunciar colegas, é sinal de profissionalismo. O "trabalho sujo" dos mordomos, ou seja, a tarefa que fazem com menos entusiasmo, não é limpar o banheiro como uma criada faz-tudo, mas "dar bronca nos outros", como diz Marius do alto de sua bela carreira. Da manhã à noite, ele deve garantir que seus colegas façam bem o trabalho, não fiquem desocupados, não cometam atos desonestos. O que ele "mais detesta no mundo" é ter que atravessar um cômodo observando rapidamente o que cada um está fazendo e ter que mandar uma serviçal cansada ou doente continuar se esforçando, ou até acelerar o ritmo. Onde ele trabalha, a organização é tão meticulosa, o trabalho tão dividido que se uma serviçal falha na tarefa ou, pior, falta ao trabalho, tudo precisa ser repensado: "É um caos quando alguém se descuida ou não aparece". Quando pergunto se isso acontece com frequência, depois de alguns segundos de reflexão, ele responde com firmeza: "Não. Se você quer trabalhar aqui, tem que aceitar os sacrifícios". Serviçais frágeis demais ou que reclamam demais não têm lugar nesse mundo.

Um corpo que não é seu

Há uma clara discrepância entre o discurso de valorização e benevolência que os super-ricos mantêm diante de suas serviçais e alguns de seus atos ou palavras. Os sentimentos contraditórios que Mariana nutre por Yves, Lucas e especialmente Svetlana ilustram bem essa mistura de apego e repulsa, proximidade e distância, confiança e desconfiança que marca as relações de domesticidade. Os ricos, sobretudo as mulheres, com frequência falam das ambivalências que sentem, repetem que as serviçais "fazem parte da família", mesmo que às vezes seja difícil suportá-las. Em uma mesma frase, Françoise, a aristocrata bastante idosa que me contou inúmeras anedotas de suas relações com o pessoal doméstico, coloca a funcionária Oksana na posição de filha, e depois de serviçal: "Eu a amo como minha própria filha, embora ela continue sendo minha serviçal". Françoise ama Oksana como sua filha, mas não deixa de lembrar que ela *não é* sua filha: assim, nos jantares de família, Oksana nunca compartilha a mesa dos patrões. Ela deve chamá-la de "senhora", enquanto Françoise é tratada informalmente por seus filhos. E, claro, depois de várias décadas de serviços leais, incontáveis dias e noites dedicados a confortar, cuidar e ouvir Françoise, Oksana não receberá nada de sua fortuna em herança.

Por meio dessas relações impregnadas de afeto e ambiguidade, os super-ricos podem elogiar a dedicação de seus serviçais e se apropriar tanto de seus corpos quanto de sua fala. Conseguem isso por meios mais ou menos diretos, explícitos ou violentos. Pode ser por meio de "pequenas chantagens", como diz Maria-Celesta, que regularmente recebe roupas de presente com a condição de cancelar um dia de folga esperado há meses, ou bônus para denunciar uma colega suspeita de furto. Os ricos também podem transformar seus serviçais em súditos, mudando seus nomes conforme sua vontade. Em seu estudo sobre o trabalho doméstico em ambientes urbanos da França no século XIX, Claudette Lacelle mostra que a mudança do primeiro nome dos serviçais era um costume que refletia, segundo ela, "uma percepção do outro como sendo de outra classe, de outro mundo".[16] Essa prática ainda ocorre nos dias de hoje, em algumas famílias aristocráticas ou de novos-ricos. O nome das serviçais imigrantes, especialmente, às vezes é mudado para um nome "mais francês", "menos muçulmano", "mais fácil de pronunciar" e "que faça sentido", como explicam os empregadores. As serviçais imigrantes às vezes adotam por conta própria um novo nome, oficial ou não, no país para onde emigraram, em resposta ao racismo cotidiano e à suspeita de que não querem "se integrar". Durante minha pesquisa, conheci muitas serviçais que se apresentam aos patrões com seu nome "francês", mas outras não têm outra escolha senão aceitar um nome imposto: "Maria-Celeste, era assim que esse senhor me chamava desde o primeiro dia em que trabalhei para ele. Para ele, um nome pode ser traduzido. Eu deixava, era melhor do que um nome que não tinha nada a ver com o meu", lembra Maria-Celesta. Para outros patrões, existem nomes de serviçais: "Aqui em casa, é Mouna. Quando você se torna minha empregada, você vira Mouna. É assim", diz com convicção Violaine, uma francesa na casa dos 30, modelo e esposa de um banqueiro de investimentos. Na casa dela, a serviçal tem um nome árabe porque isso a lembra de suas estadias em hotéis marroquinos e tunisianos, "onde todas as camareiras se chamavam Mouna". Outras empregadoras escolhem chamar suas serviçais sistematicamente de Maria ou Conchita, em referência à figura popular da "criada" imigrante espanhola ou portuguesa.[17]

Dar o mesmo nome, ainda mais com conotação estrangeira, às empregadas que se sucedem no mesmo posto é uma maneira de reduzir sua identidade à condição de doméstica e de marcar as fronteiras de classe. Essa prática visa principalmente as mulheres porque constitui uma maneira, para as patroas, de reforçar a distância entre elas e as serviçais, com as quais correm o risco de se identificar ou se comparar: "Mouna e eu somos tão diferentes, ela é a mulher que gosta de tudo relativo à casa, aos filhos, à cozinha, à limpeza, eu odeio tudo isso!", confessa Violaine, que durante a entrevista não para de mostrar a que ponto tudo a opõe a Mouna. Seu marido, como muitos outros empregadores, é indiferente à troca de nome. Isso irrita Violaine, que insiste em explicar a ele que Mouna é só uma serviçal, "ponto final", ela desabafa. Ela admite mais tarde que quer a todo custo desvalorizar sua serviçal aos olhos de um marido que descreve como "sensível aos encantos das mulheres". Para outras patroas também, mudar o nome das serviçais visa impedir relações de sedução com seus cônjuges.

Para Mariana, que tem muitas amigas sul-americanas que tiveram os nomes trocados pelos patrões, isso "não é nada" perto de "tudo o que os ricos podem inventar" para humilhá-las. O que mais a choca são os atentados ao pudor que ela já vivenciou ou ouviu falar. Afinal, por que os patrões se importariam com o constrangimento, o desconforto e a vergonha sentida por serviçais a quem negam uma parte da sua humanidade? Esse é o sentido das palavras dela sobre alguns patrões "nojentos":

> Eu tive patrões nojentos, sabe. [...] Eram pessoas que sempre estavam de festa. Durante a semana, no fim de semana, sempre. Pessoas muito, muito estressadas, que precisam então liberar tudo à noite. Às vezes, de manhã, quando eu chegava, era um caos, garrafas por toda parte, álcool, sujeira. Mas enfim, com isso eu já estava acostumada. Eu sempre tinha a impressão

> de estar fazendo uma faxina depois de uma festa de adolescentes! E naquele dia... foi falta de respeito por minha pessoa, falta de respeito por minha... por minha dignidade. O chão estava cheio de... *condoms*... [preservativos] [...] Uma orgia sexual tinha acontecido na noite anterior. E eu tinha que recolher aquilo. Estavam usados, hein! E aí eu pensei que era realmente repugnante. Mesmo. Aquilo me deixou triste. Senti vontade de vomitar. Perguntei a mim mesma o que estava fazendo naquela família. Eu nunca fui criada assim, e não sei quem os criou, mas erraram feio. E eles agiram como se nada tivesse acontecido na noite anterior, voltaram para o apartamento que cheirava a rosas, e só. E eu tive que recolher os preservativos de manhã. Perguntei a mim mesma como eles me viam. Na verdade, eu sou só a criada. Como se eu pudesse ver qualquer coisa sem ficar chocada. Naquele momento pensei... pensei que para eles eu não era humana. Que eu não tinha emoções ou dignidade. Mariana é só um pano e um aspirador, que limpa sem reclamar! Então foi o que fiz, como se fosse normal, porque era o meu trabalho.

Mariana está acostumada a lidar com a sujeira. Mas certas formas de sujeira mancham sua dignidade, como os preservativos usados que ela encontrou jogados pelo chão, ou patrões que andam nus pela casa, não são discretos em suas relações sexuais ou fazem piadas vulgares entre si. As serviçais interpretam esses comportamentos como desrespeito, mas não ousam falar sobre isso: "Eles estão na casa deles, então fazem o que querem", afirma Fatou, serviçal maliana que vive no local de trabalho, na região oeste de Paris, com um suspiro que diz muito sobre o que ser patrão em sua própria casa autoriza.

Às vezes, a forma como os ricos atentam ao pudor das domésticas ultrapassa a barreira da distância física e da lei. Na noite de confidências mencionada na introdução deste capítulo, Mariana me conta que foi estuprada pelo filho de antigos patrões. Assédios e abusos sexuais, e mais geralmente tudo o que diz respeito à sexualidade, continuam pouco investigados pelas pesquisas sociológicas, pois não são seu foco principal. De fato, é difícil abordar o tema sem correr o risco de obrigar as domésticas a quebrar um tabu contra sua vontade ou, ao contrário, impor-lhes uma questão à qual não foram confrontadas. Em minha pesquisa de campo, deixei a questão da violência física "surgir" sozinha, ao longo das conversas. Às vezes, tive que me conter diante do impacto de certos relatos e, nesses casos, assumir um papel próximo ao de psicóloga, assistente social ou confidente. A dinâmica da pesquisa também dependia de minha capacidade de ouvir as queixas e as lágrimas dessas mulheres que depois me agradeciam por lhes conceder aquele raro espaço de fala, entre narrativas controladas e confidências inesperadas. O que essas mulheres me contaram segue assombrando minhas noites. Para além de suas histórias singulares, seus relatos expressam uma mistura de angústia, revolta e resignação. Nem todas as serviçais são violentadas ou estupradas, mas o medo de que o patrão toque suas nádegas, que os filhos as levem para a cama ou que as patroas "arrumem" seus seios no sutiã é comum a muitas delas. "Fui avisada: trabalhar aqui é incrível, mas cuidado, essas pessoas estão acima de você, podem fazer tudo com você", resume Fatou.

As serviçais sabem que podem ser presas sexuais. Como trabalham na intimidade dos patrões, "há menos reservas", como diz Mariana. Por isso, elas precisam desconfiar de todos os homens da casa, inclusive dos colegas: "Cozinheiros e mordomos passando a mão onde não foram convidados, isso é rotina!", exclama Maria-Celesta rindo, revirando os olhos e dando de ombros, como quem diz "se fosse só isso...". Esses atos são o ápice da dominação que os super-ricos exercem sobre os corpos de quem as serve. "Eu, quando ouvi falar que Strauss-Kahn havia agredido a mulher que trabalhava no Sofitel, lembra, não me surpreendi!", desabafa Fatou, que compara essa agressão às que várias amigas serviçais e camareiras sofreram. Embora Nafissatou Diallo tenha ousado prestar queixa contra o ex-presidente do FMI, esse não é o caso dessas mulheres, que mantêm esse segredo enterrado atrás das balaustradas douradas e das portas de cobre polido dos bairros ricos.

5

O direito de explorar

No verão de 2015, a revista *L'Obs* publicou um artigo sobre a história de Damien, um homem que foi serviçal em uma família aristocrática, sob uma manchete provocativa[1]: "'Madame me fazia usar fraldas': a história de Damien, 31 anos, ex-criada". Os comentários logo começaram a se multiplicar: esse homem seria mentiroso, masoquista, perverso. Instigada por esse artigo, entrei em contato com a autora, Doan Bui, que me passou os contatos de Damien, e ele respondeu que aceitava falar comigo sobre sua história.

Aqui, chamo Damien de Florent. Passei horas conversando com ele por telefone e mensagens, e passamos um dia juntos. Hoje ele é casado e tem três filhos pequenos. No dia de minha visita, ele teve folga no trabalho, e conversamos enquanto caminhávamos perto da cidade onde ele mora, almoçamos juntos em um banco à beira do rio, fomos buscar um de seus filhos na creche, tomamos um chá na casa dele e percorremos a zona rural a pé e de carro. Hoje, Florent exerce uma profissão completamente diferente.* Sua esposa

* Não a revelarei aqui, para não trair o anonimato que lhe prometi.

não sabe do trabalho que ele teve por mais de dois anos, a partir dos 19 anos. Florent foi "criada", como ele mesmo diz, falando de si no feminino.

Precisando de dinheiro para se tornar independente dos pais, ele respondeu a uma oferta de emprego de jardineiro em um castelo perto de sua casa. Rapidamente contratado, aos poucos foi sendo vestido de serviçal mulher por aquela que ainda chama de sua "senhora". Primeiro, ele começou a usar os mesmos vestidos e aventais que as outras serviçais do castelo usavam. Um dia, a governanta deixou essas roupas sobre sua cama. Ele diz que não teve outra opção senão obedecer e vesti-las. Depois, houve a feminização forçada do seu nome. Em seguida, o uso de uma peruca com cabelos longos presos em coque, maquiagem discreta e sutiãs preenchidos com algodão. Quando trabalhava a serviço dos aristocratas do castelo, Florent era, portanto, uma mulher. Para seus primeiros dias como serviçal, foi enviado a um estágio em uma escola de hotelaria da região, muito renomada, para ser "adestrado", ele diz, com a cumplicidade da instrutora, amiga de sua patroa. Ele ia a Paris com sua "senhora" para experimentar novos aventais, em uma loja de roupas profissionais localizada no 16º *arrondissement*.

A patroa de Florent também comprava fraldas. Florent fala longamente sobre essas fraldas, com o mesmo tom que usa para descrever buquês de flores. Quando conversamos pessoalmente, as lágrimas logo sobem aos seus olhos. Ele se desculpa por me contar coisas "tão íntimas". No castelo onde trabalhava, todas as serviçais usavam fraldas para não terem que ir ao banheiro durante o serviço e assim ganhar tempo. Havia uma cota de fraldas por pessoa que não podia ser ultrapassada. Também havia o babador para comer à mesa. Ou ainda a comida triturada feita pela cozinheira por ordem de "Madame" para punir alguma serviçal.

Florent me descreve uma infinidade de práticas humilhantes e violentas. Nossas conversas, que em certo momento lembravam sessões de terapia, carregavam a marca do seu trauma. No fim, ele conseguiu deixar esse emprego e mudar para outro setor profissional. Ele ganhou mais de trinta quilos, para, ele diz, "sair do corpo da criada". Hoje, ele não consegue se revoltar contra sua antiga patroa, mas não entende por que concordou com todos os seus pedidos. A necessidade de dinheiro, o fascínio pela riqueza e seu sentimento de culpa foram, segundo ele, os principais obstáculos para uma saída imediata.

O caso de Florent deixa muitas questões no ar. Como interpretar o que ele viveu, se geralmente é a psicologia que cuida da análise de traumas e violências? Em que medida sua opressão extrema é comparável a tudo o que as outras serviçais me contaram sobre a experiência da dominação? Um detalhe, insignificante para Florent, me deu uma pista. Eu pensava que, como outros serviçais violentados que chamaram a atenção da mídia, seu emprego não era formalmente contratado nem bem pago. Era o caso de Méthode Sindayigaya, homem que trabalhava para um ex-ministro burundês perto de Paris dezenove horas por dia, dormia no porão perto da caldeira e teve seu passaporte confiscado.[2] Mas eu estava enganada. Florent era declarado pela patroa e havia assinado um contrato de trabalho em que estava escrito com todas as letras que a recusa de usar fralda seria punida com uma multa de quatrocentos euros no próximo salário. Desde então, a questão que me coloco como socióloga é menos sobre os aspectos traumáticos e patológicos da exploração dos serviçais, e mais sobre as condições sociais e institucionais que a tornam possível na França de hoje.

A lei é um jogo

Diante do fisco ou da justiça, as classes superiores usam estratégias variadas para justificar suas fraudes, corrupções e demais práticas ilícitas.[3] Graças a seu capital econômico, cultural e social, seus membros dominam melhor o direito, se autorizam a burlar as leis e interpretá-las a seu favor. Os super-ricos que conheci não têm todos o mesmo grau de conhecimento das leis e do direito trabalhista. Contudo, estão suficientemente à vontade perante a administração pública para contratar seus serviçais como bem entendem. "De qualquer forma, quem vai verificar?", declara Charles, empresário francês que está chegando aos 50 anos e tem duas serviçais sem contrato de trabalho. Ele tem razão: ninguém vai verificar se suas serviçais recebem menos que o salário-mínimo, trabalham de graça à noite e não têm nenhum documento escrito estabelecendo suas condições de trabalho. Ninguém. Porque a fiscalização do trabalho não visita residências particulares para verificar a situação dos empregados. E, da rua, ninguém pode ver o que acontece dentro das casas. Não surpreende que Charles esteja confiante e convicto de respeitar ao máximo os direitos de suas duas serviçais, Lila e Yasmine:

> – Lila e Yasmine vivem aqui como se estivessem em suas casas, acho que elas conhecem tudo de cor, sabem o que devem fazer, minha esposa e eu estamos satisfeitos com isso.
>
> – *Quantas horas elas trabalham por dia... mais ou menos, na sua opinião?*

– Ah, eu não saberia dizer, não sei, se eu calcular... mas é como você e eu, digamos, oito horas, é isso, um dia de trabalho normal, oito horas, e depois elas vão para suas casas, para o andar de cima e... não, nisso somos respeitosos, realmente. É o normal, é a lei, enfim...

– *A lei?*

– Sim, é importante, enfim, nós respeitamos a lei, minha esposa e eu, desde que tudo esteja enquadrado, está tudo bem, né? É uma questão de valores, entende... Enfim, a gente vê que elas estão felizes, que vivem bem, para nós isso é importante, e eu não quero ter problemas, litígios, por assim dizer, então eu respeito tudo, elas têm pausas, dias de folga, tudo isso, você pode conferir, está na lei, e a gente aplica a lei, é bem normal. Quando ouço histórias de coisas que não são respeitadas, penso que, afinal, existe uma lei, na França, é preciso aplicá-la, é isso, bem assim.

A maioria dos empregadores que conheci me garante, como Charles, que considera a lei uma instância superior que deve ser respeitada ao máximo. Na prática, costuma acontecer o contrário. Charles se refere a parâmetros muito vagos – jornadas de oito horas, descanso, pausas – e aos (supostos) sentimentos de suas serviçais para afirmar que elas trabalham em boas condições. Mas ele não é capaz de dizer quantas horas Lila e Yasmine trabalham, quando tiveram suas últimas férias, nem quais tarefas realizam. Durante nossa conversa, percebi que elas cuidam do pai idoso da esposa de Charles, principalmente à noite, e só têm uma tarde de folga "se pedirem". Nada disso está formalizado em contrato. Charles declara oficialmente cerca de doze horas semanais e paga o restante do salário por fora. "Aqui em casa, elas são registradas!", ele afirma orgulhoso, dizendo ser um caso raro em relação a todos aqueles que, segundo ele, nunca registram seus serviçais.

Na verdade, o que Charles faz é comum. O trabalho informal existe, mas a maioria dos super-ricos emprega "no cinza": registram apenas parte das horas dos serviçais para se beneficiar de deduções fiscais, limitadas a uma cota de horas, que ultrapassam amplamente. Fora isso, não há contrato algum. Quando menciono as convenções coletivas das assalariadas contratadas por pessoas físicas, os patrões demonstram ter delas um conhecimento muito limitado. É preciso dizer que, na história do direito do trabalho, essas convenções demoraram a surgir. As serviçais foram excluídas das lutas operárias do século XX. Foi apenas em 1973 que o serviço doméstico entrou no código trabalhista.[4] Em certos aspectos, a atitude de Charles, que combina respeito e desrespeito à lei, lembra o compromisso ambíguo da burguesia da época com os direitos das serviçais. O feminismo burguês cristão se interessou por elas e, já nos anos 1930, considerou maneiras de aprimorar suas condições. As empregadoras se preocupavam com o bem-estar das serviçais, ao mesmo tempo em que temiam seu acesso a direitos.

Ao examinar atas arquivadas de reuniões entre mulheres da Ação Católica dos Independentes (ACI) e da Juventude Operária Cristã (JOC), me deparei com essa tensão. "Reconhecemos que ter uma estranha em casa, que não pode compartilhar a vida da família, é pouco moral. Mas podemos tentar fazer disso um aprendizado para uma futura vida livre", diz a ata de uma "reunião de vida" em que mulheres burguesas falam do seu cotidiano. Esse documento está na mesma caixa de arquivo de uma carta que transcreve os debates em torno do projeto de convenção coletiva: "O simples termo convenção coletiva nos causa horror", "Falamos de fraternidade! Vamos chegar à guerra entre empregadores e empregados com coisas como essas! Estão destruindo todo o espírito familiar que ainda podia existir!”.[5] As mulheres que empregam serviçais temem que elas se revoltem. Ainda assim, uma convenção foi criada graças a elas em 1951.[6] Marcada por várias evoluções, ela ainda hoje é relativamente vaga e mais favorável aos empregadores, cujos interesses são habilmente defendidos pela Federação dos Empregadores Particulares (Fepem).

Dito isso, os super-ricos que entrevisto não são sindicalizados na Fepem e não dão a mínima para as convenções coletivas. As mulheres aristocratas são as primeiras a opor as convenções coletivas ao “espírito de família” já muito defendido por seus ancestrais no século passado. Fortalecidas pela herança de suas mães e avós, elas consideram que “sabem lidar” com suas serviçais e que não precisam de referências jurídicas. “Eu, em todo caso, não entendo nada dessas coisas. Por que tornar as coisas complicadas? Concordo em declarar, é a lei, estamos na França, e é verdade que isso permite que eles contribuam para a aposentadoria, e nós, nos beneficiamos das vantagens decorrentes... Mas ter que fazer um contrato escrito e insistir em delimitar horários, essas coisas, não, mas para onde vamos?”, exclama Juliette, uma aristocrata francesa de 52 anos que trabalha como galerista, sobre suas cinco serviçais. Para mim, ela critica mais amplamente o acesso a direitos e à igualdade, que, segundo ela, não caberiam em suas relações com as serviçais.

O caráter “interessado” que as patroas aristocratas atribuem ao contrato de trabalho se opõe às suas representações do serviço doméstico enquanto atividade baseada na dádiva e não na lógica contábil. O contrato escrito é visto como um obstáculo à flexibilidade e às relações intrafamiliares das quais as serviçais fariam parte. A subordinação delas é legitimada pelo caráter *a priori* íntimo, pessoal, emocional e "afetivo" das relações, que o contrato escrito poderia despersonalizar e esfriar. Essas aristocratas preferem que nem tudo seja fixado previamente, para ter uma boa margem para renegociar tarefas, tempo de trabalho e férias. Elas insistem na "fluidez" e na "simplicidade" da forma como se desenrolam suas relações com os serviçais. "Eles não têm dias de folga fixos antecipadamente, a gente decide isso com eles, no *feeling*", explica Juliette, que garante que seus serviçais pedem poucos dias de descanso porque "eles acabam ficando entediados". Aliás, com um total de dois dias de folga no ano anterior ao nosso encontro, um salário em torno de 1.300 euros por mês e um pequeno quarto de 10 m^2 que eles dividem, Juliette avalia que dois de seus serviçais, um homem e uma mulher sri-lankeses, recebem muitos benefícios em compensação pelas cerca de cem horas trabalhadas por semana: "Eles estão bem felizes, porque no Sri Lanka nunca teriam tudo isso!", ela acrescenta.

Como ela, os super-ricos oriundos da imigração tendem a tomar como referência as condições de trabalho e os direitos de seu país de origem para se justificarem como bons patrões. Eles percebem os chamados países do Sul como sociedades onde não existem direitos, o que lhes permite encarnar a imagem da patroa benevolente. "Um dia, me disseram que eu tinha muita sorte de ganhar oitocentos euros por mês e ter moradia, já que eu vinha da América Latina, mas aqui ninguém sabe que na América Latina muitos países adotaram leis para proteger as domésticas!", indigna-se Mariana. Alguns países, como Argentina, Chile e Uruguai, estão entre os primeiros do mundo a terem ratificado a Convenção Internacional n. 189, dedicada ao "trabalho decente" para as trabalhadoras domésticas, e a adequar suas leis a tal norma.

Mas ser declarado em tempo integral e ter um contrato de trabalho por escrito não resolve todos os problemas. O contrato, oral ou escrito, não é uma barreira contra as ilegalidades dos ricos. Por exemplo, o contrato de Florent previa uma multa caso ele não respeitasse uma prática (o uso de fralda), cuja obrigatoriedade é duvidosa no plano legal. O contrato pode legitimar relações de subordinação e selar a exploração.[7] Os ricos, novos ou antigos, sabem disso muito bem. É o caso dos patrões de Gustave. Quando lhe peço para me mostrar seu contrato de trabalho para um rico CEO parisiense, esse mordomo francês de 31 anos abre um pequeno cofre cuja chave guarda ciosamente consigo. Conversamos na casa de seu patrão, na sala de um de seus apartamentos parisienses, enquanto quatro outras serviçais fazem a limpeza, cozinham, lavam e passam roupa. Naquela noite, o patrão retorna de uma viagem de negócios de três dias em Nova York e tudo precisa estar pronto. Durante sua ausência, Gustave cuidou do apartamento e assegurou que seus subordinados o mantivessem em dia. Conversamos por várias dezenas de minutos sobre suas condições de trabalho. Descubro que os cinco serviçais, incluindo Gustave, dormem em quitinetes no andar de cima e são declarados como trabalhando quarenta horas semanais, mas que na prática trabalham pelo menos o dobro. Mais da metade de seus salários é paga em dinheiro, em envelopes, às vezes com "pequenas surpresas", ou seja, bonificações. Depois que leio o contrato de trabalho que ele me estende, não consigo deixar de exclamar: "Só isso?", e depois "Você é gerente de loja?". Gustave ri de minha surpresa. Ele explica que é uma estratégia fiscal de seu patrão: ele e suas quatro subordinadas são declarados parcialmente como funcionários de uma das lojas de cosméticos do patrão. No contrato, consta apenas um número de horas semanais e uma função fictícia. Declarar as serviçais como se fossem funcionárias de suas empresas é uma estratégia típica dos empregadores que também ocupam posições de chefia. Por conta da profissão, eles conhecem um pouco de direito trabalhista e, sobretudo, as múltiplas formas de otimização fiscal. O patrão de Gustave fez cálculos para que seus serviçais não lhe custassem caro demais. Ter uma grande fortuna não impede de racionalizar despesas e avaliar a relação custo-benefício do serviço doméstico.

Explorar corretamente

"Eu não dizia nada... Ao mesmo tempo, não tenho apenas lembranças ruins. Eu era bem pago, e minha senhora era gentil, com frequência." À medida que o corpo de Florent se torna um corpo de mulher e sofre violências, seu salário aumenta, e os comportamentos de sua patroa e da governanta que a representa oscilam entre repreensões e elogios. Florent não sabe mais o que pensar da situação. Ele tenta acreditar nas colegas quando elas o aconselham imaginar que seu trabalho é como o dos atores: de manhã, ao colocar o vestido, a peruca e a fralda, ele entra em cena e interpreta um papel. O exercício não é nada fácil: diante de mim, Florent fala de si ora no masculino, ora no feminino, ainda perturbado por essa dupla identidade que lhe gruda na pele e na mente. Porém, ele também guarda os momentos em que se sentiu bem, naquele castelo onde era "criada", e o dinheiro que conseguiu juntar graças a isso.

Em geral, os salários pagos às serviçais dependem da posição ocupada na hierarquia, da especialidade e das habilidades a ela associadas, da experiência, bem como da fama das famílias para as quais trabalharam. A remuneração também está ligada às características de gênero e raça. Mais amplamente, o emprego, as condições de trabalho e as relações que os ricos constroem com elas repousam em uma avaliação mais sutil do que elas valem como pessoas e de seu potencial poder. Os mordomos costumam ser declarados (mesmo em empregos fictícios, como Gustave), bem pagos, tratados com formalidade (enquanto seus subordinados não o são) e recebem conselhos financeiros (lembremos de Marius), porque têm mais experiência, mais diplomas e reputações que aumentam seu valor no mercado do serviço doméstico. Mas também porque são homens, criam vínculos privilegiados com os homens das famílias e desenvolvem uma proximidade afetiva e de gênero com eles. Na noite em que conversamos, Jacques, o mesmo aristocrata que me expressou seu desconforto com a serviçal Falia, lembra: "Tivemos um mordomo! Ele era jovem, eu me via nele, na idade dele". Esse jovem era um estudante de cerca de 20 anos, francês e branco, relativamente alto. Como Jacques na idade dele. Estudava na Sorbonne, como Jacques. Ficou só um mês a serviço, porque Jacques não suportava que ele fosse seu mordomo. "Eu não parava de me ver, na idade dele, sendo mordomo, era insuportável, porque eu era um aluno brilhante!" A proximidade com esse estudante era tão insuportável que Jacques preferiu dispensá-lo. Os super-ricos se sentem menos legítimos para dominar e outremizar serviçais que se assemelham a eles.

Ao colocarem um espelho na frente deles, os serviçais confrontam os ricos com seus privilégios, seu poder e a opressão que podem exercer. As pesquisadoras feministas que estudaram as relações entre criadas imigrantes e suas patroas já haviam percebido que a identificação de gênero entre duas mulheres diferentes, que não compartilham as mesmas características de classe e raça, é fonte ao mesmo tempo de cumplicidade e de muitas tensões.[8] O grau de proximidade objetiva e subjetiva entre patrões e serviçais está no centro do mecanismo de exploração dourada: quanto mais as serviçais "se parecem" com seus patrões, mais elas possuem capitais, maiores são as contrapartes por sua intensa dedicação ao trabalho.[9]

Gustave é francês, branco, natural da Auvergne. Como seu empregador. Ele estudou economia durante um ano na universidade, o que às vezes lhe rende conversas com seu patrão, que tem mestrado em economia. Frequentemente, sua patroa o chama sem querer de Maurice, o nome de seu filho da mesma idade. Quando pergunto quantas horas por dia ele trabalha, ele não sabe responder imediatamente. Depois de pensar alguns minutos, diz que dorme no máximo três horas por noite. No resto do tempo, ele se dedica aos patrões. À noite, ele não remenda roupas como Mariana, mas organiza os papéis administrativos do patrão, troca mensagens com o departamento de recursos humanos da empresa do patrão (empresa onde ele e as outras serviçais são declarados como funcionários) e organiza as férias da família.

Gustave também é responsável por distribuir as bonificações e os dias de descanso entre suas colegas, e por isso mesmo exerce funções de recursos humanos. Ele entende um pouco de direito trabalhista, e foi em parte para desempenhar o papel de *intermediário jurídico* entre o patrão e as outras serviçais que foi contratado.[10] Ironia do destino: ele deve garantir que as colegas não reivindiquem nada a mais e não revelem a ninguém que foram contratadas para empregos que não existem. Ele tem uma estratégia: "Repetir para elas que o que fazem é uma vocação e dar muitos presentes. Pequenas coisas, pequenas gentilezas, um lenço, chocolates, isso levanta o ânimo quando o trabalho é pesado", assegura ele. Quanto a Gustave, ele recebe 5 mil euros por mês e cerca de dez bônus anuais de trezentos euros, mas não tem nenhum dia de descanso, nunca sai da casa dos patrões e perdeu todo contato com a família e amigos. O direito trabalhista, que ele no entanto conhece, não se aplica a ele.

O caso de Florent diz muito sobre os mecanismos que sustentam essa exploração dourada. As normas de gênero aprisionam as mulheres sob a dominação dos homens, de forma ainda mais silenciosa e violenta porque ocorrem no lar e na família. Ter um homem a seu serviço em casa contraria o regime de gênero no qual patrões e serviçais estão inseridos. As patroas que empregam homens quase sempre mencionam a mesma coisa, resumida da seguinte maneira por uma delas, a respeito de seu cozinheiro: "Sou mais dura com ele, porque preciso impor respeito, mas às vezes tenho a impressão de que digo sim a tudo que ele pede, sem pensar". As mulheres ricas se sentem, dentro de suas casas, menos preparadas e legítimas do que seus maridos para comandar os homens. Duas opções se apresentam a elas: apagar-se atrás da dupla marido-serviçal, ou, ao contrário, inverter de forma brutal a dominação de gênero. É assim que pode ser interpretada a obrigação de Florent de se travestir, pois, uma vez mulher, ele se torna submisso a uma mulher. "Era mais fácil para ela que eu fosse mulher", ele repete várias vezes. No fundo, portanto, as normas de gênero não são realmente questionadas em seu caso.

Essa lógica de assegurar as normas de gênero também se observa, de maneira mais eufemizada, em outras patroas, que se convencem de que seus serviçais homens são homossexuais. Os mordomos, motoristas ou cozinheiros que conheci afirmam que o trabalho doméstico é um ambiente profissional acolhedor para homens gays, mas essa não é uma regra geral. Ainda assim, as patroas gostam de ver na "elegância", nas "maneiras", na "classe" ou ainda na "delicadeza" de seus serviçais homens sinais de uma sexualidade desviante, ainda que esses sejam comportamentos que elas exigem e muitas vezes ensinam a esses homens. Dorothée, esposa de Charles, com quem conversei informalmente depois de minha entrevista com ele, ilustra bem essa fantasia ao revelar que, entre suas antigas serviçais, havia um homem de origem operária que ela considerava um tanto "grosseiro" e "desajeitado", mas que, pouco a pouco, se tornou "refinado" e "vaidoso". Para ela, essa mudança seria a prova de sua "homossexualidade reprimida".

A atribuição da homossexualidade aos homens que são serviçais é menos sistemática quando eles são imigrantes. Embora o recrutamento, a divisão do trabalho e os julgamentos sobre eles às vezes se baseiem em preconceitos racistas, os patrões temem muito menos suas serviçais mulheres oriundas das classes populares imigrantes, com baixo nível escolar, e ainda menos aquelas que não falam francês e não têm a nacionalidade francesa. Eles se distanciam, como vimos, das características supostamente "culturais" que os incomodam nessas serviçais, sem no entanto temer que elas se rebelem, prestem queixa ou questionem as normas dominantes de classe, raça, gênero ou o sentido da dominação. Para eles, portanto, não faz sentido remunerar o trabalho delas à altura do que receberia um serviçal como Gustave.

Nadine, já citada no capítulo 4, lembra como era agradecida e recompensada por seu trabalho em empregos anteriores:

– *Você ganhava menos do que agora?*
– Ah, sim. Bem, eu ganhava o salário-mínimo, que já era bom para mim!
– *Para você?*
– Uma árabe, vinda diretamente do Marrocos... que falava mal francês... Além disso, eu era tímida na época. Eu dizia sim para tudo! "Nadine, você pode trabalhar no domingo?", "Sim!" "Nadine, assim não vai ser possível, você vai terminar às 22 horas hoje, e amanhã quero meu café às 5 horas", "Sim!" "Nadine, as janelas ainda estão sujas, você vai limpá-las essa noite porque temos convidados", "Sim!" Enfim... eu dizia sim, sim, sim, para tudo!
– *E eles te agradeciam como?*
– "Obrigado, Nadine, você é uma joia!", eles diziam. Eu recebia isso, um "obrigado". E podia ficar com a maquiagem que Madame não usava mais. Mas quando é que eu usaria um batom Chanel? Nunca. Ah, e eu também ganhava chocolates, chocolates excelentes, muitas vezes. Para eles, isso já era o suficiente para me comprar. Eles tinham razão, fiquei cinco anos!
– *Por que você diz que te "compravam"?*
– Sim, os ricos te compram. Mas comigo, eles pagavam menos do que com os outros! Porque eu não dizia nada. Eu não causava medo. Eu não tinha documentos franceses. Eu precisava de dinheiro. Diziam que eu ganhava o salário-mínimo, mas, na verdade, eu trabalhava sem registro. [...] Hoje, eu pago o preço, porque nunca vou ter uma boa aposentadoria.

Nadine percebe que as serviçais têm "preços" diferentes aos olhos dos super-ricos. Que suas condições de trabalho e emprego dependem muito de sua vulnerabilidade e do poder que podem exercer sobre seus patrões. "Eu não contrato mais franceses, prefiro asiáticos ou pessoas do Leste Europeu, eles causam menos problema, não reclamam o tempo todo que você os trata mal!", declara Analiz, prima de Juliette, presente durante nossa conversa. Essa francesa, na casa dos 40, vive da grande fortuna acumulada pelo marido no setor financeiro. Ela só toma a palavra quando o assunto é o direito trabalhista: "Com os franceses, para que eles façam o que você manda, você tem que dar a lua para eles. Além disso, eles ameaçam prestar queixa! Os outros não. Minha serviçal da Moldávia sabe se contentar com uma palavra doce ou um creme para as mãos. Tudo é mais simples com gente assim!".

Melhor do que nada

Os arranjos dos ricos com as leis e a exploração dourada se estabelecem ainda mais eficazmente porque os serviçais se tornam seus cúmplices. Quando pergunto a Gustave o que ele acha de ser declarado como um funcionário da empresa, embora seja mordomo, ele dá de ombros e responde: "Para mim, no fundo, dá na mesma. Eu ganho bem o suficiente para viver, então, o que está escrito no meu contracheque... É certo que nem todos os empregados domésticos têm um contracheque!". E quando pergunto como ele aguenta trabalhar tanto com tão pouco descanso, seu rosto se fecha. "Eu fiz essa escolha. Sou dedicado a essas pessoas, tenho que servi-las, tenho que ser fiel. É minha vocação." Outros serviçais associam sua dedicação à religiosidade: Mariana, Maria-Celesta e suas amigas sul-americanas, as domésticas filipinas ou ainda imigrantes da África Ocidental frequentam regularmente paróquias comunitárias e dizem ser cristãs fervorosas.

As serviçais dos ricos se convencem de que estão fazendo o bem e de que seus esforços serão um dia recompensados, ainda que não tenham uma ideia muito concreta disso. Quantos, como Marius, conseguem usufruir de seus investimentos imobiliários e da própria família enquanto servem os ricos? Gustave rompeu todos os laços com a família e os amigos. Ele diz que seus patrões são sua família. Mas nunca se sentou à mesa com eles, nunca pôde aproveitar os petiscos e a piscina ao acompanhá-los nas férias, não pode se vestir como quer – sua patroa o acha "perfeito" de camisa e paletó pretos. Por outro lado, ele economiza, e sua conta bancária está relativamente cheia. "Vou me tratar bem na aposentadoria!", ele diz, sem acreditar muito. De novo, seu tom muda. Pergunto onde ele pretende passar a aposentadoria. "Não sei", responde, olhando para o vazio. Nesse momento, ele começa a chorar, abatido, em contraste com a atitude descontraída e o humor que demonstrava desde o início da conversa. "É verdade que sou muito sozinho", consegue sussurrar.

Maria-Celesta chama a aposentadoria de "piada". "É uma piada, a aposentadoria. Que aposentadoria?" Para ela, todas as serviçais acabam sendo perdedoras. Contratadas informalmente, não contribuem para a previdência e ficam "completamente desamparadas" na velhice. Quando ganham bem e conseguem guardar dinheiro, elas estão "destruídas" e "muito sozinhas", afirma. Ela cita o caso de uma amiga distante que, segundo ela, teria comprado uma casa grande em Portugal aos 67 anos e teria morrido dois anos depois "de tristeza". "Ela tinha uma filha, deixada no Brasil, que nunca viu depois que se aposentou, e isso a destruiu." Com sua longa experiência, Maria-Celesta tem uma opinião muito clara sobre o assunto: "Você sempre vai se dar mal, mais cedo ou mais tarde, com essa gente".

As serviçais ainda em atividade são mais ambivalentes. Por mais difíceis que sejam suas condições de trabalho, dizem que ainda valem a pena. Aquelas que têm seus direitos desrespeitados se dizem satisfeitas com o que têm. É o caso de Joyce, uma nigeriana de 36 anos, mãe de dois filhos e solteira. Conheci-a na África do Sul, perto da Cidade do Cabo. Eu estava fazendo uma pesquisa sobre escolas internacionais de mordomos (*butlers*), motivo de minha presença na região onde uma dessas escolas foi instalada.[11] Conheci Joyce na favela onde morava um dos alunos da escola, Akrid, que me convidou várias vezes para ir até lá. Passei muitas horas conversando com ela, e nossas trocas continuaram à distância, depois que voltei à França. Joyce foi serviçal no Níger, na África do Sul, no Zimbábue e na França. Em todos os empregos, foi contratada informalmente. Trabalhava mais de dezoito horas por dia, tinha casa e comida, mas suas refeições se resumiam aos restos deixados pelos patrões. Em três anos na França, trabalhou para uma família francesa de altos funcionários na região parisiense. Ela não era autorizada a sair de casa e, portanto, não podia comprar comida para complementar suas magras refeições, que constituíam restos de sopa, ossos, pedaços de pão duro. Seus patrões haviam escondido seu passaporte. Ela às vezes era esbofeteada, quando eles achavam que não era rápida o suficiente. "Eles me diziam: 'Você é mesmo africana, é lenta e molenga!'", lembra-se. Ela perdeu mais de quinze quilos. "Uma dieta barata!", brinca, para desdramatizar a experiência traumática. Ela ganhava um terço do salário-mínimo francês da época. "Mas estava bom para mim", ela pondera. Enviava quase todo seu dinheiro para o Níger, para as duas filhas, e guardava um pequeno saldo para si, "por precaução". Considerava-se feliz. Hoje, Joyce garante que não tinha do que se queixar e que ela mesma havia pedido aos patrões que não a declarassem. O trabalho informal é às vezes considerado benéfico por algumas trabalhadoras das classes populares com pouca escolaridade, que assim otimizam sua renda a curto prazo, recebendo outros benefícios sociais, não pagando encargos etc. Joyce se sentia segura ao receber o pagamento em dinheiro ao fim do mês, para enviá-lo para casa e guardar o pouco que restava em um pequeno cofre.

Muitas serviçais imigrantes e das classes populares incorporaram a ideia de que o mercado de trabalho não lhes é favorável e que devem se contentar com pouco. Na medida em que suportam más condições de trabalho, têm seus direitos negados e enfrentam também violências familiares, até mesmo conflitos políticos em seus países de origem, elas ajustam suas expectativas. Isso não impede que encontrem, em empregos objetivamente muito difíceis, uma forma de independência, escapando das garras do patriarcado. Ao longo de toda a infância, Joyce foi estuprada pelo pai e pelos irmãos. Aos 14 anos, teve duas filhas, gêmeas, de um deles. Para não ser morta pelo pai, fugiu para a África do Sul. Trabalhou como criada em várias casas, se prostituiu e conseguiu fugir para o Zimbábue. Lá, casou-se com um homem branco milionário, que abusou dela e depois a mandou trabalhar na casa de amigos franceses, os patrões que ela teve na França. Pensou que estivesse indo "ser puta", como ela diz, mas descobriu uma realidade diferente, igualmente sórdida: "Eles só queriam uma escrava!", garante, explicando o quanto ficou aliviada por não ter que passar por outras agressões sexuais. Diante de uma trajetória dessas, entende-se por que Joyce diz ter se dado bem naquela família: como poderia esperar algo melhor depois de tudo que viveu?

O caso de Joyce é extremo. No entanto, ele revela toda a ambivalência da emancipação por meio do serviço doméstico. Frequentemente, as condições de trabalho são vividas pelas serviçais à luz de experiências anteriores especialmente opressivas, em que elas estiveram, em suas vidas pessoais e profissionais, sob vigilância, até mesmo sob total domínio. Ao dizerem que se dão bem em situações de trabalho muitas vezes violentas, às vezes ilegais, quando não simplesmente desvantajosas, as serviçais revelam, indiretamente, a miséria de uma condição coletiva: a das classes populares, das mulheres, das pessoas imigrantes e racializadas. Essa miséria de condição permite ainda mais que os super-ricos contornem a lei e ofereçam apenas o estritamente necessário: considerando o que essas domésticas viveram, quem são e o que podem esperar, seus empregos sempre acabam parecendo "melhor do que nada". "Você acha que ela estaria melhor dormindo embaixo da ponte?", me perguntou certa vez um empregador, depois que lhe manifestei surpresa ao ver que sua serviçal dormia em um cubículo apertado. Vendo por esse ângulo, essa empregada estava certamente melhor do que quando vivia em situação de rua. Mas esse ângulo está longe de ser o único possível, e tem muito pouco de humano.

Quando reina o medo

"Por que elas ficam, então?", podemos nos perguntar. Se suas condições de trabalho são tão duras, se seus direitos são tão difíceis de acessar, por que as serviçais continuam a servir aos ricos? "Ainda existe gente tola que se presta a ser capacho dos ricos?", me perguntou um dia um amigo engenheiro, oriundo das classes populares. Ele ficou boquiaberto quando respondi que homens com a mesma qualificação que ele trabalham como mordomos.

As serviçais não são nem estúpidas, nem submissas, nem masoquistas. No entanto, apesar das dificuldades, aquelas que conheço continuam e querem continuar a servir aos ricos, aceitando e calando-se diante de certas situações. Uma explicação puramente psicológica é insuficiente aqui: o sofrimento e o controle que algumas relatam são sintomas reais, mas com frequência isolados, de mecanismos sociais que as levam a permanecer no trabalho doméstico. Dois elementos centrais contribuem para a construção do consentimento das serviçais.

Por um lado, a *illusio* do serviço doméstico, de que falei várias vezes nos capítulos anteriores. Muitas serviçais sentem orgulho de servir aqueles que estão no topo da sociedade, principalmente porque participam, como vimos, do sucesso social e econômico de seus patrões. Frequentemente, tornar-se serviçal representa uma ascensão social e traz sentimentos gratificantes de utilidade e sucesso. Estar diariamente a serviço de alguém em sua casa, na intimidade do lar, cria interações e afetos que, por mais ambivalentes que sejam, favorecem cumplicidades, além de compreensão e empatia pelos patrões. As serviçais têm, portanto, boas razões para se sentirem ligadas a seus patrões. Essa ligação forja uma lealdade que vai muito além do simples profissionalismo. Por fim, o consentimento das serviçais opera através das retribuições simbólicas e materiais do serviço doméstico. Elogios, salários, bonificações, presentes, moradia, alimentação e outras vantagens em espécie contribuem, em proporções variadas, a suavizar a dureza do trabalho, os abusos e até as violências. Através de representações e práticas mais ou menos conscientes entre os super-ricos, a *illusio* sela o pacto de confiança e segredo entre eles e suas serviçais.

Por outro lado, um segundo elemento contribui para que as serviçais permaneçam a serviço dos ricos, apesar das desilusões que encontram: o medo. Lucia, portuguesa com pouco mais de 60 anos, comenta esse aspecto sobre a aristocrata para quem trabalha em uma pequena cidade nobre no subúrbio norte de Paris:

> Pablo, meu marido, me disse: "Você deveria pedir 10 euros [por hora]". Eu, no começo, não queria, porque gostava da família, não queria arriscar que eles me vissem com maus olhos de repente. Mas eu pedi, lembro como foi. Eu estava na cozinha, terminando uma torta de maçã, e aí Madame chegou e eu disse: "Madame, preciso falar com a senhora sobre uma coisa". Então ela disse: "Vamos, Lucia, fale". Então eu disse: "Bem, talvez, como estou aqui há algum tempo, eu poderia talvez ser paga 10 euros [por hora]". Oh meu Deus, eu falei algo que não devia! Ela olhou para minha torta e disse: "Lucia, eu nunca teria pensado isso de você, comendo suas tortas deliciosas. Devo procurar outra pessoa?". Então eu disse: "Ah não, senhora, me perdoe, eu quero ficar". Então, foi a última vez que tentei!

Trabalhando há três anos para sua patroa, Lucia nunca havia recebido um aumento. Muitas amigas domésticas dela ganhavam entre 10 e 12 euros por hora. Passaram-se vários meses até que ela tivesse coragem de pedir à patroa para ganhar mais que 9 euros por hora, pois tinha muito medo de que a patroa recusasse: ela temia que esta não confiasse mais nela, a despedisse e construísse uma má reputação para ela no bairro, o que tornaria difícil encontrar outra casa para trabalhar. "Eu teria que mudar, mas para onde?" Lucia não mora com a patroa, volta todas as noites de ônibus para o marido, na casa deles, em uma cidade vizinha. Ela não quer sair dessa cidade onde vive toda a sua família: filhos, netos, tios, tias, irmãos, primas. Contestando suas condições de trabalho, ela teme ser demitida, hipótese impensável para ela: o marido ganha pouco, eles precisam pagar aluguel e ela quer ajudar financeiramente os filhos.

A precariedade em que se encontram as serviçais mais pobres e menos remuneradas explica seu silêncio. Se Lucia não foi demitida, foi porque ela parou de negociar com a patroa. Tal afronta custou o emprego da serviçal anterior, que insistiu várias vezes para trabalhar menos horas ou receber um aumento. Ela foi despedida da noite para o dia, sem receber o último salário.

Entre as serviçais mais qualificadas, mais bem pagas e que recebem remunerações materiais significativas, o medo de perder o emprego também existe, e não é apenas por motivos econômicos. Outras possibilidades de reconversão profissional estão abertas para elas: hotelaria, setores de luxo e gestão, por exemplo, áreas que também fazem uso de mordomos e governantas. Mas arriscar perder um emprego a serviço dos ricos significa, além de perder a moradia e muitas vantagens em espécie, perder uma família. Mesmo quando a ideia de pertencimento familiar é só retórica e parte de patrões especialmente exploradores e paternalistas, as serviçais permanecem fiéis por medo de serem banidas e isoladas. Foi o caso de Florent, é o caso de Gustave: "Não sei para onde iria se fosse demitido. Seria horrível, eu ficaria sozinho!". Gustave nunca sai da casa dos patrões.

Ele rompeu os laços com a família muito antes de começar a trabalhar para os ricos, e não tem amigos. "Na verdade, eles são minha única família", conclui amargamente. Ele também teme ficar sozinho consigo mesmo durante suas folgas: "Você pode ver que, no fundo, até que me convém trabalhar o tempo todo, senão fico pensando demais e me sinto sozinho". O superinvestimento no trabalho também se explica, em algumas serviçais, pela realidade dessa solidão e dos conflitos com a família ou com os amigos.

Então as serviçais estão resignadas a obedecer e abrir mão de seus direitos? A realidade é mais complexa. Joyce acumulou empregos como criada porque fugiu várias vezes. Lucia já foi demitida por contestar a forma como uma patroa arrumava os armários. Gustave já saiu de uma família onde se sentia "não muito bem". Quanto a Florent, ele definitivamente deixou o serviço dos ricos. Na verdade, a rotatividade é onipresente no trabalho doméstico. Ela revela, em parte, a capacidade das serviçais de criar espaços de poder, que acabam irritando os ricos, de levantar a voz e, às vezes, de fugir.

6

Ficar ou partir

Adiei inúmeras vezes o anúncio de minha saída para Margaret, que me empregava como baby-sitter e ajudante de cozinha. Uma vez contratada em sua casa, eu não poderia imaginar o quanto seria difícil dizer isso a ela. Ela havia conseguido me convencer de que eu era indispensável para a família dela, especialmente para os seus quatro filhos. De repente, senti-me presa ao compromisso que tinha com ela: eu não havia mencionado que, assim que terminasse minha pesquisa, eu partiria. Quando ela me falava da quermesse de primavera na escola do caçula, ou sobre o futuro retorno às aulas da filha mais velha, ela pensava que eu estaria lá para viver todos esses momentos com eles. Não mencionar quanto tempo eu ficaria era uma condição para que eu fosse contratada. "Já me abandonaram antes, então dessa vez realmente quero alguém que fique!", ela havia dito em nosso primeiro encontro. Como ela se viraria sem mim? Além disso, eu me apegara às crianças. Ao pequeno Hippolyte, especialmente, que podia me falar por mais de uma hora sobre a vida das formigas, que caminhava lentamente para a escola com olhar sonhador e me ajudava na cozinha com muito entusiasmo. Eu também sentiria falta de Manon e Patrick, meus colegas, a faxineira e o motorista. Nem para eles eu havia ousado contar nada. Será que eu trairia nossa cumplicidade? Várias semanas se passaram até que, com um nó no estômago, eu conseguisse dizer a Margaret que meus estudos não me permitiriam continuar trabalhando para ela.

Se, empregada em tempo parcial por apenas alguns meses nessa família, senti um mal-estar tão grande só de pensar em anunciar minha saída, o que dizer dessas serviçais que deixam seu posto após anos trabalhando em tempo integral para uma família? A saída traz à tona emoções intensas nas quais se cristaliza a *illusio* do trabalho doméstico: a sensação de ter se tornado indispensável, a promessa implícita de ser leal e dedicar sua vida às patroas, o reconhecimento por ter sido contratada, alojada, alimentada, recompensada com presentes cujo valor econômico ou emocional é quase inestimável fazem as serviçais se sentirem culpadas. A isso se somam o apego real que elas desenvolvem pela família que servem e o medo da reação das patroas, da vingança delas, de não conseguir outro trabalho, ou de uma solidão repentina. Mas as serviçais partem mesmo assim. Elas superam o apego e o medo. Por que e como partem? Para fazer o quê? "A gente sai para melhor permanecer", disse um dia Mariana, resumindo bem a "instabilidade estável" em que vive a maior parte das serviçais que conheci, algo que parece paradoxal. Mudar de emprego não significa que a *illusio* tenha se esgotado. Pelo contrário, evidencia sua força: as serviçais não desistem do jogo, elas continuam jogando, em busca de um novo emprego.

Quando o copo transborda

Uma vez contratadas, as serviçais selam com suas patroas um contrato de confiança, oral ou escrito. Usar o boca a boca para contratar, prestar atenção aos corpos e o jeito de ser, supervisionar o trabalho, a aparência e os comportamentos, compensar a dedicação com presentes: tudo isso visa garantir que a relação dure o máximo possível. Nos círculos ricos, ser uma "boa" patroa ou uma "boa" empregada é algo em parte medido pela antiguidade das serviçais na família. As patroas se orgulham de ter as mesmas serviçais a seu serviço por vários anos. E têm razão, porque, apesar de todos os esforços para encontrar a "joia rara", as relações permanecem efêmeras. É por isso que muitos aristocratas lamentam que as serviçais "já não sejam como antes", ou que não existam mais "serviçais de verdade", querendo dizer aquelas que dedicam suas vidas inteiramente às patroas. Essa queixa não é nova: já no início do século XX na Europa, aristocratas e grandes burgueses reclamavam da falta de dedicação e "paixão" dos empregados, e do desejo deles de deixar os empregos domésticos para trabalhar em fábricas ou comércios.[1] Contudo, mesmo naquela época, as trajetórias das domésticas não eram homogêneas nem lineares: se algumas dedicavam suas vidas a servir uma família, para outras aquilo era apenas uma etapa de sua trajetória profissional ou conjugal. Hoje, como ontem, as patroas sabem que não é garantido que as serviçais fiquem a vida inteira a seu serviço. Mas o ideal de dedicação total e duradoura resiste à passagem dos séculos, tanto que a saída de uma serviçal é quase sempre vista como uma traição, um acontecimento inesperado que coloca as patroas em grandes dificuldades. Elas não cogitam, ou melhor, *não querem cogitar*, a eventualidade de uma saída que as obrigaria a encontrar alguém de "confiança", mas também a se preocupar com os segredos revelados. Uma delas, Berenice, qualificou como um "choque" a saída de uma de "suas" serviçais:

> – Eu fiquei em choque. Um choque de verdade. Não entendi nada quando ela me disse que estava nos deixando. Quase desmaiei!
> – *Tanto assim?*
> – Eu não esperava! Tudo estava bem, tudo funcionava bem entre nós. Pelo menos, eu achava... Eu estava enganada, aparentemente! Ela pegou suas coisas e foi embora. Ela me disse que era porque a mãe estava muito doente e que precisava cuidar dela... [*ela faz uma careta*].
> – *Você não parece acreditar...*
> – Não. Era outra coisa, que eu nunca vou saber.

Essa outra coisa é "a gota d'água que fez o copo transbordar", como diz Vanda, a antiga serviçal de Berenice, que conheci alguns meses depois da minha entrevista com essa empregadora francesa de quase 60 anos, preparadora de laboratório farmacêutico, herdeira da grande fortuna de um dos seus ex-maridos. Foi a primeira vez que uma empregadora me passou voluntariamente o contato de uma antiga serviçal que havia saído contra sua vontade. Eu nunca teria ousado pedir isso a ela, dada a tensão que ela demonstrava ao falar da saída. Quando ela me acompanhou até a porta de sua grande casa em Versalhes, entendi que ela esperava que eu descobrisse os motivos da saída de Vanda: "Se você a encontrar, ficaria agradecida se me desse notícias dela!", disse apertando minha mão com firmeza, olhando fundo nos meus olhos. O tempo que ela passou conversando comigo e o contato de Vanda exigiam uma espécie de contra-dádiva que me deixou bastante desconfortável, ainda mais porque eu nunca tinha precisado fazer isso diretamente com os super-ricos, exceto por chocolates ou flores enviadas para agradecer àqueles que me prestaram ajuda significativa.

Dois meses depois, apesar de muito hesitar, entrei em contato com Vanda, imigrante tcheca na casa dos 30 anos, filha de pais artesãos: queria entender os motivos da sua saída, mas prometi não contar nada para a ex-patroa. Ela se recusou firmemente a falar comigo, até que percebemos que ela era prima de outra investigada, Ninon, camareira com quem eu já havia conversado. Essa feliz coincidência confirma o alto grau de cooptação necessário para entrar no serviço dos ricos. Vanda acabou aceitando, depois de ligar para a prima Ninon, que agora mora na Bretanha, mas volta de vez em quando para Paris. Vanda estava reticente em se abrir em um lugar público. Então a convidei para minha casa, lugar tão improvável quanto nosso encontro, para retomar nossa conversa de onde a deixamos:

> "[Berenice] me pedia para trabalhar mais de doze horas por dia, às vezes quinze, às vezes mais... Eu não aguentava mais!", exclama Vanda. Pela primeira vez, sou eu que sirvo o chá à minha interlocutora. Enquanto me observa, ela continua no mesmo tom: "Você também serve xícaras bem cheias. Uma vez fiz isso e levei uma bronca. Eu tinha que servir o chá só até a metade da xícara, senão era uma catástrofe!". A antiga patroa havia me falado sobre como Vanda servia o chá, embora estivesse convencida de que isso não explicava sua saída inesperada. "Eu estava muito cansada. Fiz um exame de sangue que mostrou uma anemia grave... Eu não tinha apetite porque me sentia sobrecarregada.

> Alguns dias depois do exame, ela me pediu para trabalhar no domingo, embora eu não trabalhasse no domingo. Foi a gota d'água que fez o copo transbordar!" (Caderno de campo, notas de fevereiro de 2018.)

As serviçais não têm o direito de adoecer. Quando a doença é impossível de esconder, as patroas movem montanhas para que elas sejam tratadas o mais eficazmente possível. Marcam consultas caras com os melhores especialistas e conseguem tratamento preferencial em centros hospitalares para que voltem ao trabalho o mais rápido possível. Muitas vezes, porém, as serviçais preferem esconder a doença: há muitos riscos em demonstrar vulnerabilidade em um mercado de trabalho em que a higiene, a força e a resistência do corpo são o foco da atenção das empregadoras que as contratam.[2] Elas aguentam até não poderem mais. Depois de dois anos trabalhando para Berenice, Vanda decide sair. Como ela, as serviçais relatam nas entrevistas situações que as levaram ao limite. Vanda confessa que se sentia exausta e que suas condições de trabalho eram injustas: "Acho que eu merecia ser tratada melhor", afirma, lamentando não ter tido coragem de dizer a Berenice que sua saúde estava ameaçada. Com a patroa, era impossível negociar qualquer coisa. "Eu me sentia aterrorizada, mesmo ela não sendo tão assustadora assim", conclui.

Ao redor do mundo, o sentimento de injustiça das serviçais às vezes leva a mobilizações coletivas apoiadas por sindicatos ou, de maneira mais discreta, a pequenas resistências cotidianas: definir momentos de pausa, reorganizar o trabalho, criticar as patroas em voz alta em uma língua que elas não entendem, sorrir para parecer impenetrável, resmungar, diminuir o ritmo, esconder objetos e até roubar.[3] Na casa dos ricos, não há lutas coletivas nem sindicalização. As serviçais podem ajudar umas às outras em caso de conflito com as patroas, ser solidárias na busca por outro emprego, ou sair de casa sem que a patroa, a governanta ou o mordomo que as supervisionam percebam, mas o senso de coletividade se baseia acima de tudo na lealdade e na dedicação excessiva às tarefas de um trabalho em série.

Dito isso, assim como os operários ou outros grupos fortemente subalternizados no trabalho, as serviçais resistem apesar da dominação íntima.[4] Só que fazem isso individualmente e poucas ousam levantar a voz, atuando em um ambiente profissional muito heterogêneo em relação às funções, características e trajetórias de todas aquelas que trabalham juntas para o bem de suas patroas e patrões. Assim, o mordomo demonstra fidelidade por uma bonificação que pode dobrar seu salário mensal; a cozinheira inventa todo dia um prato novo para negociar um dia de folga extra com o chefe de cozinha; a faxineira deixa flores frescas a cada dois dias no centro das mesas esperando que a patroa note seu trabalho; o motorista se informa sobre marcas de carros de luxo para criar cumplicidade com seu patrão na esperança de ser convidado a um evento esportivo. Todas e todos têm razões diferentes para lutar, resistir, negociar. Seu único interesse comum é fazer com que "tudo funcione", segundo uma expressão frequentemente ouvida em entrevistas. Vanda lamenta amargamente que a outra funcionária que trabalhava com ela na casa de Berenice nunca a tenha ajudado de verdade a reduzir suas horas de trabalho. "Ela cuidava essencialmente da roupa, eu fazia o resto. Ela também tinha muito o que fazer, era medrosa. Sofríamos juntas, mas por motivos diferentes: eu trabalhava demais, e ela respirava detergente para roupas e o vapor o dia todo... Ela tossia muito, mas não dizia nada", recorda. Diante da impossibilidade de expressar esse sofrimento, ela optou por sair, embora sempre tivesse se calado por medo de perder o emprego. A "gota d'água" de trabalhar nos domingos a fez tomar essa decisão radical, sem refletir muito: "Eu não sabia o que ia acontecer depois!", exclama.

Em busca de algo melhor

Hoje, Vanda não trabalha mais servindo aos ricos. Ela recebe seguro-desemprego e faz algumas faxinas para particulares, de maneira informal. O marido trabalha na construção civil e ganha bem: segundo ela, foi isso que lhe permitiu deixar definitivamente o universo das grandes fortunas. Vanda também fala em "falta de motivação", "esgotamento", "cansaço", e confessa ter perdido a "paixão pelo serviço" que a moveu durante os dez anos em que trabalhou como empregada polivalente em tempo integral. Conheci poucas pessoas que, como ela ou Florent, deixaram definitivamente o trabalho doméstico. Isso não significa que as serviçais fiquem a vida toda em um mesmo emprego, mas elas permanecem tempo suficiente para que a pesquisa detecte indícios de "instabilidade estável" nos empregos domésticos. Esse fenômeno transparece no testemunho de Lydia Lecher, ex-governanta, em sua autobiografia *Bienvenue chez les riches* [Bem-vindo ao mundo dos ricos],[5] em que relata sucessivas experiências na casa de várias famílias e numerosas mudanças de emprego ao longo da carreira. Para ela, essa era uma maneira de "aguentar" o que chama de "inferno dos ricos". Entre as serviçais que conheci, essa rotatividade interna, que consiste em mudar de empregador, é condição *sine qua non* para continuar servindo os ambientes abastados.

A decisão de deixar o emprego para encontrar outro equivalente obedece a duas lógicas: sobreviver ao esgotamento físico e psicológico, e tentar subir na vida, buscando sem parar um emprego mais bem remunerado que o anterior. Essa segunda lógica é às vezes tão forte que, pouco depois de serem contratadas, as serviçais já se informam sobre vagas em outras famílias. Elas fazem o que chamam de "planos". Nadine, imigrante marroquina de 46 anos, explica claramente: ela trabalha há seis anos para o mesmo patrão,* mas isso é excepcional para ela, que antes ficava no emprego por dois ou três anos. Sempre que conseguia um cargo, começava a antecipar seu desligamento. "Eu me informava por toda parte, para antecipar minha próxima vaga. Sou uma pessoa organizada, também estressada, então prefiro sempre saber para onde vou. Eu me mantinha a par de tudo", ela explica. As amigas e ex-colegas de Nadine também trabalham para famílias ricas e colaboravam: "Assim que uma vaga surgia, perto de onde eu trabalhava ou do outro lado da França, elas me avisavam". Embora Nadine justifique seus "planos" por preferências pessoais, como ser organizada e reduzir seu estresse, essa antecipação é comum entre as serviçais. Fazer "planos" não deixa de ser delicado. É preciso se informar sem que colegas e patrões fiquem sabendo. "É claro que todos precisam pensar que você vai ficar muito tempo, que você está feliz onde está e que não procura outro lugar. Ao mesmo tempo, eu queria saber como estavam as vagas ao meu redor..." Para Nadine, ao redor significa no prédio, no bairro, na rua, no vilarejo ou na cidade onde trabalha. Para isso, zeladores e comerciantes

---

* Ver o capítulo 5.

locais são recursos preciosos. "Eles sabem tanto quanto nós!", afirma Nadine sobre eles, comparando-os às serviçais. Ela se lembra de ter criado forte cumplicidade com a zeladora de um prédio vizinho ao de antigos patrões, que lhe contava "tudo e qualquer coisa" sobre o bairro. "Eu sabia tudo, até quem estava dormindo escondido com quem naquele prédio, mesmo não sendo o meu!" Assim que uma cozinheira, faxineira, empregada polivalente ou *nanny* era procurada na rua daquele prédio, Nadine ficava sabendo, graças a essa zeladora que lhe dava muitos detalhes sobre a família em questão. "Eu sempre tinha uma listinha de vagas disponíveis, de quem estava sendo contratado, para ver para onde eu iria." Hoje, depois de seis anos no mesmo emprego, Nadine pensa em sair. Ela tem uma ideia clara: "Estou realmente começando a não aguentar mais de tanto trabalhar, e de olhar para aquela cara [*da patroa*]. Há uma boa vaga disponível, em Bordeaux, sei disso por uma prima que trabalha lá. É só uma vaga para empregada polivalente, mas para mim serve. Eu queria tentar outro emprego de governanta, mas agora me sinto exausta. Um dia, talvez".

Sair para "achar algo melhor" não necessariamente significa conseguir um cargo mais elevado, mais bem pago ou mais valorizado. Quando o esgotamento chega ao paroxismo, as serviçais mudam para uma posição que esperam menos exigente, onde possam se poupar mais. E quando não podem antecipar seu futuro como gostariam, quando a saída é brusca, quando são demitidas de repente ou acabam "batendo a porta sem pensar" porque não aguentam mais, como diz Nadine, elas não perdem tempo para buscar um trabalho... a serviço dos ricos. "Há algo que te prende, eu acho, que faz você não aguentar mais, mas que também faz você querer ficar", analisa Mariana, a colombiana com quem passei longas horas conversando sobre o que faz as serviçais não deixarem o universo das grandes fortunas.*

Estar no seu lugar

O fato de que, apesar da violência que sofrem, as serviçais mudem regularmente de emprego para continuar a serviço dos ricos não se explica apenas pela *illusio* da domesticidade, seu atrativo material, suas formas de reconhecimento profissional que oferece ou pelas estratégias das patroas para estimular um devotamento total. De maneira mais ou menos difusa e em graus variados, as serviçais frequentemente têm a impressão de estarem no lugar certo entre os super-ricos. Sem no entanto "pertencerem" ou se considerarem iguais às patroas, elas acabam, por meio de suas múltiplas experiências de trabalho, se sentindo em sintonia com o que essas mulheres são e fazem. Essa impressão não deve ser vista como simples efeito da retórica familiarista que permeia as relações de domesticidade. Trânsfugas de classe que entram em contato com um mundo diametralmente oposto ao seu, o da aristocracia e da alta burguesia, as serviçais acabam por se apropriar dos códigos de um círculo social exclusivo até então desconhecido, no qual conseguem se sentir à vontade na maior parte do tempo.

O processo que forja essa identidade de trânsfuga de classe é o que confere sentido a essa identidade: depois do choque inicial, vem o aprendizado e a capacidade das serviçais de navegar em um meio social no qual jamais imaginariam se sentir à vontade. O fenômeno do "cavalinho de balanço"[6] marca sua trajetória: não apenas elas adquirem

---

* Ver o capítulo 4.

desenvoltura entre os ricos como também conseguem se adaptar aos diversos universos de socialização aos quais são expostas. Muitas vezes, inclusive, conseguem tirar proveito dessas múltiplas pertenças para se distinguir e manter distância de um ou outro desses universos. Algumas serviçais se convencem, assim, de ter uma capacidade reflexiva muito superior à de suas patroas, cuja estreiteza de pensamento atribuem justamente ao confinamento em seu próprio meio. É uma forma de se valorizarem e inverterem a lógica da dominação: as patroas talvez tenham dinheiro, poder, cultura legítima, mas não sabem nada da vida dos outros. As serviçais, por sua vez, conhecem a "vida de verdade".

Encontrar seu lugar enquanto trânsfuga de classe não é um luxo reservado apenas a mordomos e governantas. Empregada polivalente, Cathy trabalhou por cerca de dez anos para seis famílias ricas. Ela mesma se apresenta como prova de que ser originária das classes populares negras e servir brancos ricos não necessariamente causa "grandes traumas", como ela diz. Com cerca de 40 anos, casada com um eletricista e mãe de dois filhos, Cathy trabalhou desde a adolescência como faxineira em meio período para famílias de classe média, até conseguir um emprego em tempo integral com primos distantes de membros do governo sul-africano, na região do Cabo. Assim como Joyce, foi nessa região da África do Sul que conversei com Cathy. Nos conhecemos durante minhas incursões às favelas, a convite de Joyce e outras amigas. Cathy logo me marcou por sua postura firme e sua forte oposição aos sindicatos, que "acham que ajudam os pobres, mas pioram a situação deles", segundo ela. Numa tarde, conversávamos em grupo durante uma refeição preparada por uma das moradoras mais velhas da favela, e a conversa girava em torno dos direitos dos trabalhadores pobres, especialmente os domésticos. Naquela mesma noite, anotei as opiniões de Cathy:

> Um amigo de Cathy, cujo nome não guardei, falou de um sindicalista que esteve na favela anteontem e que tentou convencê-lo a se filiar ao sindicato. Pelo que entendi, esse homem trabalha na construção civil, assim como o amigo de Cathy. De repente, Cathy ficou indignada, dizendo que os sindicatos não servem para nada, que os sindicalistas são charlatães que só pensam em "derrubar o poder dos patrões" (*overthrow the bosses' power* é a expressão usada por ela). Ela contou que conversou certa vez com uma sindicalista que também tinha sido empregada doméstica, mas que, segundo Cathy, era agressiva demais ao falar dos antigos patrões e radical demais em suas posições. Cathy lhe respondeu que, se tinha conseguido alugar um apartamento fora da favela, era graças aos seus patrões, e que era fácil demais se revoltar contra aqueles que a ajudaram por anos a sair da extrema pobreza. (Caderno de campo, anotações de fevereiro de 2017)

Depois desse episódio, conversei longamente com Cathy para entender melhor sua posição política e a maneira como vivenciava seus constantes deslocamentos entre a favela onde vivia e a família milionária para quem trabalhava diariamente em uma *gated community* de alta segurança a cerca de vinte minutos de distância a pé. Cathy me explicou que, com o tempo, a convivência com famílias ricas mudou sua opinião sobre elas:

> Para mim também, os ricos eram uns canalhas. Mas entendi que é mais complicado do que isso. Entendo melhor por que eles têm medo de nós, os negros, os

> pobres que vivem nas favelas. E concordo com eles: tem gente entre nós que não faz esforço nenhum para sair da pobreza. Vendem drogas, roubam, tem prostituição, dinheiro fácil. Mas eu concordo com meus patrões: trabalho tem, basta querer trabalhar. E quem dá esse trabalho? Os ricos. Eles têm razão quando dizem que, sem eles, não haveria trabalho, e então haveria ainda mais pobreza.

A visão de Cathy sobre os *maus pobres*, que não tentariam sair da sua condição, se aproxima da visão de seus patrões e, mais amplamente, da lógica dos super-ricos que (se) convencem de que criam empregos essenciais à sociedade. Essa visão está intrinsecamente ligada à sua facilidade de transitar entre os universos sociais: "Meu primo diz que sou burguesa, que falo e ajo como uma burguesa branca", ela diz, com orgulho. Ela afirma que se sente à vontade em todos os lugares: "Não me considero como eles [os patrões], nem como os outros [os moradores da favela]. Estou entre os dois, faço meu lugar nos dois". Cathy continua mantendo ótimas relações com sua vizinhança e sua família, rindo dos comentários que ouve sobre seu *ethos* burguês. De fato, o contraste entre ela e os demais ao redor da mesa naquele almoço é marcante: ela usa tailleur, sapatilhas envernizadas, pérolas de verdade no pescoço, presente dos patrões, e fala um inglês claro e fluente, diferentemente dos outros, malvestidos e com inglês limitado. Cathy parece inspirar admiração, mais do que desprezo ou rejeição. É preciso dizer que ela nunca teve condições de sair do bairro, e faz questão de dizer que nem pretende: "Quando eu tiver dinheiro, invisto tudo aqui na favela, reformo tudo", repete. Isso lhe rende muitos elogios: na favela, admira-se sua generosidade, que prevalece sobre suas posições políticas. "Eles não merecem, eu sei, mas partem meu coração. Então, quando volto da mansão, levo biscoitos pra eles", ela diz, apontando com a cabeça para um grupo de adolescentes dormindo na rua, debilitados pelo álcool e por outras drogas.

Cathy sempre encontra tempo para cozinhar algo para eles durante seus dias de trabalho. Quando pergunto se ela faz isso escondido na mansão, ela responde, surpresa: "Ah não! Eu não poderia. E nem quero. A madame me vigia o tempo todo. Pedi permissão, semanas depois de me sentir bem na casa. Ela adorou a ideia". Como muitas mulheres e homens de seu círculo social, a patroa de Cathy investe tempo e dinheiro em projetos de caridade e filantropia. Por isso, apoia a ideia de Cathy cozinhar para as "crianças negras das favelas". Cathy conseguiu até convencer os patrões a lhe darem uma pequena quantia de dinheiro todo Natal para organizar um grande jantar na favela. Ela diz que "acredita na humanidade dos brancos" e que, "se realmente quisermos acabar com o apartheid, precisamos encontrar arranjos entre eles e nós".

É justamente para facilitar esses arranjos que Cathy é contra os sindicatos, que para ela só servem aos interesses dos brancos. Essa oposição aos sindicatos foi identificada pela socióloga Shireen Ally, em sua pesquisa com serviçais sul-africanas nos anos 2000.[7] Ela destacava o medo dessas mulheres de tornar rígidas relações cuja flexibilidade lhes oferece margem de manobra. Cathy se apropriou desse espaço de poder que o íntimo, a casa e a família lhe oferecem: ao conquistar a confiança de seus patrões e demonstrar estar à vontade e ser transparente com eles, ela obteve o direito de voltar para casa todas as noites, embora eles quisessem que ela dormisse no trabalho, de cozinhar para crianças das favelas e conseguir dinheiro para elas, de usar salto alto e ouvir música zulu enquanto limpa o chão. Coisas que, segundo ela, não poderia fazer se seu trabalho fosse "legal" – ou seja, declarado, com um contrato e regras escritas que dificultariam suas negociações.

Cathy consegue, portanto, conciliar seus mundos de origem e de trabalho, construindo para si um papel de mediadora e ponte entre um e outro. Seu posicionamento político reflete isso: ela adota o discurso meritocrático das elites brancas com quem convive, estigmatizando os sul-africanos negros pobres, ao mesmo tempo em que denuncia sua inferioridade socioeconômica em uma sociedade ainda marcada pela segregação. Ela gosta, aliás, de desafiar seus patrões e suas amigas: "Gosto de falar sobre as relações entre negros e brancos, muitas vezes de maneira indireta, tenho a impressão de que estou ensinando algo a eles", afirma, revelando que gostaria de ter sido professora, já que faz muita "pedagogia". Uma maneira, para Cathy, de compensar sua pouca escolaridade diante de uma patroa cheia de diplomas.

Mesmo que não ganhem tanto quanto mordomos ou governantas mais bem pagos, muitas serviçais oriundas das classes mais populares vivem sua carreira no serviço doméstico como uma ascensão social, ao longo da qual conseguem encontrar certo equilíbrio, por mais demorado que seja. Mas assim que esse equilíbrio é ameaçado, elas trocam de emprego. "Para recomeçar com o pé direito!", resume uma delas.

As chaves do mercado

Nem todas as serviçais se deparam com os mesmos riscos e oportunidades ao deixar um emprego e encontrar outro. Seus recursos, especialmente suas redes de contatos, são determinantes para conseguir rapidamente uma colocação melhor. Existe uma alta rotatividade interna no trabalho doméstico porque esses empregos são numerosos, especialmente nas grandes metrópoles, onde os super-ricos se concentram. Marius, o mordomo que circula entre grandes metrópoles norte-americanas e ilhas paradisíacas, garante que os círculos elitistas que se encontram[8] nesses lugares são uma sorte para os serviçais: "Nossa sorte é que eles estão todos no mesmo lugar, e nós também [os serviçais], estamos todos no mesmo lugar. As informações se espalham rápido, tudo circula, circula muito rápido". Esse efeito "bola de neve", do qual eu mesma me beneficiei em minha pesquisa, é muito eficaz: depois que a porta dos ricos se abre e conquistamos um espaço, torna-se relativamente fácil circular entre suas redes, mesmo quando elas se expandem geograficamente. As ofertas de emprego são regulares, e às vezes até arranjadas sob pressão das próprias serviçais: colhi vários relatos de empregos criados por patrões para um parente ou conhecido de sua serviçal que estava precisando urgentemente de trabalho. Essa prática legitima ainda mais a utilidade social de ter serviçais, algo do qual os super-ricos se orgulham.

Contudo, as ofertas nunca são tão abundantes quanto a mão de obra disponível. À medida que as desigualdades socioeconômicas se aprofundam, que o desemprego cresce, inclusive em empregos altamente qualificados, e que a pobreza aumenta, servir aos ricos se torna cada vez mais atraente. Assim, sempre há mais pessoas querendo servir aos mais ricos do que vagas disponíveis, por mais dinâmico que o mercado pareça! Portanto, deixar uma família quando se é serviçal não é comparável a demitir uma serviçal quando se é rico: enquanto os super-ricos têm certeza de que encontrarão outra pessoa, o inverso nem sempre é verdade. Além disso, para além desse desequilíbrio entre oferta e demanda, são os super-ricos que ditam as regras, porque eles têm a liberdade de criar ou extinguir empregos, e de demitir suas serviçais antes mesmo que elas considerem sair. A rotatividade, portanto, está longe de ser provocada apenas pelas empregadas: os ricos as demitem quando bem entendem e detêm a chave desse mercado de trabalho ultrasseletivo.

Abella, como outras patroas, tem plena consciência desse poder. Essa brasileira de quase 40 anos, executiva casada com um banqueiro de investimentos americano muito rico, emprega há cerca de dez anos três serviçais que a acompanham entre suas duas mansões no Rio de Janeiro e em Moscou. O casal também mantém três seguranças para vigiar suas duas residências principais. Abella cresceu no Brasil, país que ela descreve como "cheio de domésticas". Seus pais, pequenos comerciantes, sempre tiveram uma serviçal em tempo integral, que cuidava dela e das tarefas da casa. Ela se define como "acostumada com domésticas", e afirma saber como lidar com elas sem se "deixar levar pelos bons sentimentos", ou seja, sem ter escrúpulos para demiti-las:

> Eu sempre disse: quando não dá mais, não dá mais. Se eu contrato alguém e essa pessoa não me agrada mais, me livro dela. Podem achar isso duro, mas é assim que eu funciono. Caso contrário, a gente não dá conta. Tenho amigas que hesitam em dizer às criadas que elas fizeram um mau trabalho, ou que... sei lá, que quebraram alguma coisa, por exemplo. Mas se a gente contrata, é para que nos prestem um serviço, certo? Então, se não estão prestando um bom serviço, por que continuar com elas? Eu, sabe, não fico agradando as criadas. Não estou aqui para isso. Elas trabalham para

> mim, eu pago, elas têm moradia para isso, mas nem por isso somos amigas. Se não está bom, que saiam da minha casa. Aqui não é assistência social!

As palavras de Abella rompem com os registros familiarista e caritativo que permeiam muitas relações de domesticidade. Mas isso não significa que sejam contraditórias com esses registros, nem que sejam raras: os super-ricos oscilam constantemente entre proximidade e distanciamento em relação às serviçais. Os erros cometidos, os conflitos e o "saco cheio" dos ricos por suas empregadas são momentos que esfriam a relação e reafirmam a hierarquia. Esse comportamento, que Marius descreve como "esquizofrênico", é, na verdade, bastante comum quando a intimidade começa a invadir demais as relações entre patrões e serviçais: Priscilla Claeys e Audrey Richard-Ferroudji observaram como mulheres expatriadas na Índia tentavam manter uma "barreira" e preservar uma "distância emocional" em relação às serviçais, quase todas oriundas de famílias muito pobres.[9] A violência dessa contradição se torna ainda mais acentuada entre empregadoras que, de um dia para o outro, podem mandar embora uma serviçal a quem na véspera haviam dado um presente ou um dia de folga especial. Isso aconteceu várias vezes com Abella:

> Sim, pode parecer duro, mas é assim que eu funciono. Dois anos atrás, eu tinha aqui uma francesinha, bem jovem, que tinha começado a faculdade e desistido. Eu a contratei porque ela precisava de dinheiro. Sabia que ela não ia ficar muito tempo. Era jovem, cheia de planos. [...] Depois de um ano, percebi que ela provavelmente sairia logo. Eu sentia isso, mesmo que ela trabalhasse muito e não dissesse nada. Uma manhã,

> ela deixou uma toalha molhada e suja no chão do banheiro, e à noite, quando voltei, estava com cheiro de mofo. No dia seguinte, eu disse: "Acho que você está se descuidando. Vou contratar outra pessoa" [...] A menina chorou, acho que não entendeu. Dois dias antes, eu tinha dado um Chanel para ela, ela tinha ficado toda orgulhosa.

Ao demitir sua serviçal, Abella toma uma decisão radical. Durante nossa conversa, ela confidenciou que não suporta quando as empregadas pedem demissão por vontade própria. Antecipar sua saída e demiti-las antes que o façam é, para os super-ricos, uma forma de restabelecer a ordem da dominação: "Sou eu quem escolhe, não ela", insiste Abella. Mas manter o poder sobre as serviçais não é algo que se faça de forma tão direta: Abella, portanto, usou o pretexto da toalha molhada para demitir a jovem, mesmo admitindo que aquilo era apenas um "detalhe sem importância".

As patroas sempre têm argumentos para justificar a demissão. "Não dá para dizer: 'Estou te mandando embora antes que você me deixe!'", garante Abella. Mesmo assim, elas próprias não parecem convencidas pelos motivos que alegam: falta de limpeza e zelo, traição ou roubo. "É o politicamente correto. Ela sabia que eu não a demiti por causa da toalha molhada." Ninguém é ingênuo, mas as patroas fazem questão de suavizar a situação, mesmo que os falsos motivos que inventam estejam longe de compensar a brutalidade do ato.

Essa brutalidade é uma resposta ao desconforto que as mulheres ricas costumam sentir em relação às serviçais. Uma demissão representa uma saída para a impossibilidade de negociar, assim como para as serviçais, que não ousam negociar com suas patroas. Embora Abella expresse ternura, amizade e compaixão por suas serviçais nas entrevistas, ela não suporta o conflito e odeia "gerenciar relações" com elas. Ela se esforça, como todas as mulheres de seu meio, para manter relações que mesclem autoridade, distanciamento, empatia e cumplicidade, e para esconder de suas funcionárias seus sentimentos mais profundos. Ela não emprega mordomos nem governantas que poderiam fazer isso em seu lugar. Como seu marido não quer ouvir falar dos problemas que ela enfrenta com as serviçais, ele sempre sugere demiti-las: "Assim que digo a ele que estou angustiada com a ideia de uma delas sair, ou que algo não foi bem feito mas que não consigo dizer, ele responde para eu me livrar dela...". Sem alternativa melhor, ela segue esse conselho, que considera "completamente absurdo": "É como se você tivesse um lindo par de sapatos, só um pouquinho sujo, e em vez de limpá-lo em poucos minutos, você o jogasse fora!". Independentemente do desconforto que explica o ato das patroas, o resultado é que as serviçais são, em poucos dias ou até em poucas horas, "descartadas" como objetos sem valor.

Esse ato demonstra, no fundo, o caráter intercambiável das serviçais. A interdependência entre patroas e serviçais é uma ilusão: há empregadas em número suficiente no mercado de trabalho para que as patroas encontrem várias joias raras. As mulheres serviçais, em particular, são uma força de trabalho menos escassa do que os homens. Por isso, as exigências que os super-ricos têm com elas são mais altas: uma falha de desempenho, uma perda de controle emocional ou corporal, uma disponibilidade reduzida por preocupações familiares – e elas estão na berlinda. Aliás, como em muitos outros mercados de trabalho, o corpo das mulheres envelhece mais rápido que o dos homens[10]: elas têm pouca credibilidade aos 20 anos e, ao se aproximarem dos 50, perdem o valor. A idade, no entanto, é menos determinante para a carreira dos homens: os ricos elogiam tanto o dinamismo de um mordomo jovem quanto a experiência de um mais velho. Para manterem o emprego, as serviçais precisam se esforçar muito mais do que seus colegas homens: continuando a metáfora, eles são objetos que podem ser consertados, não que se joga fora.

Sair da gaiola?

O choque sentido pelas serviçais demitidas sem uma justificativa válida (aos olhos delas e das patroas) é compensado por seus vínculos familiares e de amizade, que ajudam a "relativizar" a demissão. O investimento excessivo no trabalho dá lugar à banalização, até mesmo à crítica do universo das grandes fortunas. Muitas, depois de serem demitidas, afirmam que no fim das contas nunca haviam se sentido realmente à vontade naquela família, que os ricos são desprezíveis e que não vale a pena "se descabelar tanto por eles".

Apesar de demonstrar grande admiração por seus atuais patrões, Sheila, uma governanta marroquina de 30 e poucos anos, filha de uma faxineira e de um merceeiro, afirma que os ricos não a impressionam. Depois de conversarmos em um café da periferia sul de Paris, passamos a tarde caminhando pela floresta enquanto ela me conta com mais detalhes por que e como mudou de emprego. Duas vezes, Sheila foi demitida "sem motivo real", sendo acusada de roubo por uma das patroas. Desde então, nutre profundo desprezo pelos muito ricos: não suporta mais suas "pequenas manias", a forma como tratam os serviçais, o fato de se sentirem "sempre superiores aos outros". Lamenta ter se "deixado enganar" e ter feito os ricos acreditarem que gostava de servi-los:

> Fui uma tola todos esses anos. Cumpri o papel de criada feito uma boba, sem pensar, na esperança de subir de cargo, ganhar um pouco melhor... e, principalmente, de causar boa impressão, ser bem vista por aquela gente... Mas percebi que todo o sofrimento que aguentei não valeu a pena. Eu repetia: na terrinha, sua vida seria mais dura, então se contente com o que tem. Mas estava errada: acho que no Marrocos dá para encontrar empregos melhores! Enfim, em que respeitam você. Eu só quero ser respeitada, só isso, não sou exigente. Quando vejo como fui descartada como uma esponja velha! Sabe, para eles, a gente é como um pano de chão, uma coisa que se usa e se joga fora. E além disso, sou árabe, então dá pra imaginar o pouco respeito que têm por mim.

Sheila expressa uma grande amargura em relação a seus antigos patrões, mencionando repetidamente a falta de respeito, que atribui à sua posição subalterna, sua origem marroquina, sua juventude e seu gênero. Para desconstruir o clichê racista, compartilhado tanto por serviçais quanto por super-ricos "ocidentais", que supõe que patrões árabes seriam abusivos, ela repete várias vezes que teria conseguido algo melhor no Marrocos. Chama os franceses de "hipócritas" e lamenta o fato de "todo mundo fingir que não há violência nem racismo na França". Durante nosso passeio, ela para regularmente diante de arbustos e árvores para recuperar o fôlego: "Sabe de uma coisa, ainda bem que a floresta existe". A floresta permite que ela se reconecte, que coloque "as coisas em perspectiva", como ela diz. "Tem gente que diz que os animais são melhores que os seres humanos, eu digo que as árvores pelo menos não mentem."

Fico surpresa, portanto, quando ela me diz que está procurando emprego na Riviera Francesa... entre os ricos. Perplexa, pergunto por que ela não tenta outro tipo de trabalho, já que o de governanta parece não lhe servir mais. Consciente da contradição, ela admite não conseguir "sair do universo dos ricos", apesar de todas as dores e decepções. Mas dessa vez ela tem um plano: passar por uma agência, que, garante, lhe permitirá filtrar "as boas e más famílias" e ser protegida em caso de abuso.

Dois meses depois de nossa conversa, fico sabendo que Sheila saiu da tal agência batendo a porta. "Um bando de picaretas!!!!!", ela escreve na série de SMS que me envia para contar. Sua reação não me surpreende. Durante minha pesquisa, conheci vários diretores de uma dúzia de agências de colocação de pessoal doméstico de alto padrão na França. Com base no incentivo dado pelo governo no início dos anos 2000 para organizar o mercado de empresas do setor de serviços pessoais,[11] essas agências especializadas em serviços domésticos recrutam e agenciam serviçais em tempo integral ou parcial, promovendo como valor-chave a confiança, tão importante nesse universo, ao selecionar criteriosamente os candidatos. Às empregadas, prometem um emprego estável, bem remunerado e com famílias respeitosas. Mas a realidade é um pouco diferente. Muitas serviçais que dizem ter tentado encontrar trabalho por meio de uma agência acabam, depois de alguns meses, decepcionadas. As famílias em que são colocadas não são melhores que as outras, as condições de trabalho tampouco e, acima de tudo, as agências raramente oferecem suporte em caso de problema.

Sheila achava que a agência seria "neutra" e combateria os estereótipos em relação às serviçais, ficando do lado delas: não foi o caso. "Logo me classificaram como muçulmana árabe e buscaram uma família que aceitasse muçulmanas". Ela ficou magoada quando a agência desconfiou de suas referências e com o fato de duvidarem que ela fosse mesmo governanta. "Achavam que eu queria fazer faxina, só isso!"

Por fim, conseguiu uma vaga como governanta de um bilionário por intermédio da agência. Depois de três semanas, porém, foi molestada por esse homem: ele a abraçava regularmente quando cruzava com ela pela casa, tentava beijá-la "de brincadeira", até o dia em que beliscou suas nádegas várias vezes. Sheila, que não costuma se deixar intimidar, não disse nada ao patrão, mas ligou imediatamente para o diretor da agência. Não obteve nenhuma ajuda: "Deixei dezenas de mensagens, ele nunca respondeu, então fui embora". Dias depois, o diretor, alertado pelo bilionário, ligou para ela furioso: "Ele me deu uma bronca, fiquei chocada". O diretor ameaçou prestar queixa e exigiu o último mês de salário. No fim, o bilionário acabou mandando a agência esquecer o caso. "A agência perdeu tudo, eu e ele!" Mas o diretor ainda responsabilizou Sheila pela perda de um ótimo cliente em potencial.

Casos assim são muito comuns. As agências se preocupam sobretudo com os interesses dos ricos. Seus critérios de seleção são exatamente os mesmos dos empregadores, reduzindo as qualidades das serviçais a estereótipos de gênero e raça. Essas agências também alegam respeitar o direito trabalhista, mas muitas vezes o ignoram. Algumas serviçais começam a trabalhar sem assinar contrato, sem saber o salário que vão receber ou as horas de trabalho que precisam cumprir, um clássico no universo do trabalho doméstico, que as agências dizem combater. Mas essas agências fazem parte desses intermediários que se permitem ignorar ou contornar a lei em favor daqueles que lhes pagam: seus clientes. Os ricos, de fato, pagam um preço elevado: além dos salários, ainda arcam com as taxas de intermediação. Esse é um dos motivos, aliás, pelos quais tendem a evitar as agências: apenas uma pequena minoria das novas fortunas que encontrei, ainda inexperientes em matéria de serviço doméstico, já havia recorrido a elas. Mas rapidamente abandonaram essa opção e preferiram o "bom e velho boca a boca", como me disse uma delas, aprendendo com empregadoras mais experientes. No fim, as agências de luxo têm pouca influência no mercado de trabalho doméstico em tempo integral: fracassam em se tornar conhecidas tanto pelos patrões quanto pelos serviçais e em conquistar sua confiança. Por que os ricos pagariam por um serviço que a maioria das mulheres de seu meio sabe muito bem fazer sozinha?

Sheila não se deixou desencorajar pela falta de apoio da agência. Conseguiu um novo emprego na Riviera Francesa, como sonhava. Salário: 3.250 euros por mês, com uma bonificação de Natal de 1.000 euros. Líder de uma equipe de seis serviçais. Um domingo de folga por mês, e jornadas até as 23 horas. Quando me anuncia a novidade por telefone, seu desprezo pelos ricos parece ter desaparecido, dando lugar a uma alegria genuína: "Vou conseguir economizar. Aqui não gasto nada, meus patrões pagam tudo. Aguento mais uns anos, depois vou viver só pra mim!".

Um ano e meio depois, mandei uma mensagem a Sheila em busca de notícias. Dois meses sem resposta, até que um dia ela escreve: "Estou em Paris, podemos nos ver?". Dou aulas o dia todo na universidade, mas nos encontramos às 18h30 na estação Gare de Lyon, antes de ela seguir de volta ao sul da França. Sheila perdeu bastante peso desde nosso último encontro. Seu rosto está muito pálido e tenso. Ela me conta que, lá, entre os "monstros da Côte", como os chama, ficou amiga do jardineiro, que cuidava do jardim da mansão quatro vezes por semana. Uma tarde, eles se beijaram. "Achei que ninguém fosse ficar sabendo." Mas as patroas são inflexíveis quanto a relações amorosas entre serviçais, alegam que prejudicariam a eficácia no trabalho.[12] Sheila achou que ninguém perceberia. Dois dias depois, porém, sua patroa, descrita como "muito doce", "atenciosa com os funcionários", a demitiu. Chamou-a para conversar na grande sala, estava sentada em uma poltrona de veludo vermelho, com uma xícara de chá. Assim que Sheila entrou para cumprimentá-la, ouviu: "Não quero uma puta na minha casa. Vá embora".

Desde então, essa cena a assombra todas as noites. Antes mesmo do anúncio, duas outras serviçais já haviam arrumado sua mala às pressas. "Fui humilhada, mandada embora como se não valesse nada." Sem ter para onde ir, viu o portão da mansão se fechar atrás dela, "como num filme", ela diz, ainda chocada. Foi o fim. O fim de sua jornada entre os ricos.

Felizmente, Sheila havia economizado. Na noite de sua saída, foi para um hotel de luxo. Ficou lá uma semana, para não abandonar de imediato aquele mundo que conhecia havia tantos anos. "Eu não imaginava que tinha me acostumado tanto com o luxo!", brinca. Sozinha, ligou para antigas amigas com quem havia perdido contato, para primos, tios e tias espalhados por toda a França. Conseguiu se hospedar por uma semana aqui e ali, mas logo partia de cada lugar ao perceber que já não conhecia mais ninguém. Dois meses depois, acabou ligando para a mãe, no Marrocos:

"Ela queria que eu me casasse, já tinha me avisado que eu acabaria sozinha". A mãe, no entanto, não quis recebê-la em casa. Assim, Sheila passou a dormir em hotéis, desta vez bem menos luxuosos, e começou a procurar um apartamento para alugar. Mas ela estava sem trabalho e não podia receber o seguro-desemprego: seu último emprego a declarava apenas parcialmente e, de qualquer forma, a demissão não havia seguido os trâmites que lhe dariam direito ao benefício. Quando a encontrei naquela noite diante da estação Gare de Lyon, ela parecia exaurida por aqueles longos meses à deriva. "E eu que achava que um dia teria uma vida parecida com a deles", ela diz entre soluços.

Na verdade, Sheila não queria sair do universo dos ricos. Ela tentou voltar a ele, depois de vários meses de errância em que suas economias evaporaram rapidamente. Fora do círculo fechado dos super-ricos e de suas serviçais, subiu até a capital com a esperança de conseguir um emprego com um casal de artistas muito ricos. Uma antiga colega governanta conseguiu uma entrevista para ela. A conversa correu bem. Sheila acreditou firmemente que conseguiria. Mas, uma hora antes do nosso encontro, suas esperanças caíram por terra. "A senhora me ligou e, com muita educação, disse que contratou a candidata que viu ontem." Ela lhe desejou muita sorte em suas buscas. Somente os ricos são os verdadeiros guardiões de seu universo, dessa gaiola dourada na qual se entra e da qual se sai com dificuldade, e nunca sem cicatrizes.

Conclusão

Uma tarde de outono, em um amplo apartamento no 19º *arrondissement* de Paris, em torno de um café, converso com Camélia sobre sua infância, passada entre Paris, Casablanca, Tânger e Marselha. Na parede à minha frente, sobrepostas, estão fotografias tiradas nessas diferentes cidades: veem-se praças sombreadas, monumentos ensolarados, fachadas de prédios desbotadas, crianças brincando com cachorros. Uma delas se destaca: a de uma mulher vestida com uma suntuosa djelaba, usando um grande colar de pérolas prateadas, sapatos de couro marrom, abraçando calorosamente uma menininha de longos cabelos trançados e esvoaçantes, com um vestido de tule bufante, que sugere a presença de uma rajada de vento. "Você gostou dessa foto?", pergunta Camélia, percebendo meu olhar. Acho a imagem realmente muito bonita e pergunto se é ela com sua mãe. "É Goyave e eu!", ela responde rapidamente, como se já esperasse meu engano.

Camélia, que tem cerca de 50 anos, é filha de uma governanta. Sua mãe, Anne, trabalhou quase trinta anos para um casal marroquino muito rico. Ele, Doudou, era embaixador, sua esposa, Goyave, não trabalhava. Dos 2 aos 20 anos, Camélia viveu ao ritmo desse casal, em suas múltiplas residências. Ela guarda apenas boas lembranças dessa infância multicultural, feita de encontros e viagens. Goyave não podia ter filhos, então considerava Camélia como sua filha. Hoje, tomando esse café comigo, Camélia fala longamente de Goyave e Doudou. Ela era a filha dos patrões de sua mãe, e ainda se vê assim. Anne trabalhava sem parar, e os carinhos, os presentes e os passeios aconteciam apenas entre Camélia e Goyave.

Uma suavidade muito violenta

Camélia se tornou engenheira aeronáutica e se estabeleceu em Paris. Depois, tudo parou. Sua mãe teve um câncer e saiu exausta dessa provação. Então, foi preciso substituí-la. Sem hesitação. Assim, é Camélia quem hospeda e cuida da mãe biológica, que dormiu a tarde inteira no dia de minha visita. Uma cuidadora paga por Goyave e Doudou vem todas as manhãs para cuidar de sua higiene. Mas Anne não permite que ninguém, além da filha e dessa funcionária, cuide dela e prepare suas refeições. "A criada sempre foi ela, e sempre será", suspira Camélia, mordendo um biscoito de mel feito pela mãe.

Esse exemplo concentra as ambivalências do trabalho doméstico a serviço dos muito ricos, cujos fios foram desenrolados ao longo de cada capítulo deste livro. Indiscutivelmente, as serviçais encontram nos super-ricos muito mais do que um refúgio ou uma escapatória. Elas encontram uma nova família, conforto material, dinheiro, cumplicidade com colegas ou patrões, até mesmo amor. Podem conhecer uma ascensão real, subir de posto, acumular capital econômico, cultural e social. Por mais fechado e reservado que seja o universo dos ricos, por mais intensos que sejam os afetos nas relações de trabalho, as serviçais também têm a possibilidade de mudar de emprego com regularidade, em busca de uma casa melhor. Os super-ricos precisam de mão de obra, e a rotatividade pode favorecer as serviçais, oferecendo-lhes um respiro e um espaço para reajustar suas expectativas e suas condições de trabalho.

Camélia pôde frequentar as melhores escolas, estudar, desfrutar de todos os lazeres que desejava. Ela se lembra dos sorrisos da mãe quando ganhava de presente saias nunca usadas de Goyave, do orgulho que sentia quando os convidados dos patrões tentavam recrutá-la depois de um jantar especialmente bem-sucedido. Recorda as frequentes oportunidades de emprego que surgiam às outras empregadas que trabalhavam sob as ordens de sua mãe: o vaivém de famílias expatriadas no bairro criava um espaço propício à negociação por melhores condições de trabalho. Em retrospectiva, ela e a mãe compartilham a lembrança de uma vida suave entre os ricos.

Mas essa suavidade também carrega um fundo de violência que lhe é intrínseco. As serviçais vivem a violência de ter que satisfazer todos os desejos dos patrões, de se esgotar para o bem-estar deles, de se apagar diante do brilho alheio. A violência de serem desapossadas das riquezas oferecidas pelos patrões, ou das que lhes são devidas. Anne economizou, mas seu dinheiro nunca serviu para nada além de pagar a cuidadora que hoje lhe dá banho. Pior ainda, sua patroa lhe roubou o papel de mãe, e foi preciso mais de vinte anos para que Camélia voltasse a se interessar por ela. Anne não podia opinar sobre a educação da filha, sobre o que ela deveria comer, vestir ou falar. Goyave preenchia o tempo de Anne com tarefas que não caberiam a uma governanta, para que ela não tivesse sequer um momento de descanso. A compensação por tais relações de dominação não atenua de forma alguma a violência de uma ordem social que os super-ricos se esforçam diariamente a preservar, para o bem e para o mal. Essa violência é uma condição, implícita ou explícita, das vantagens que o trabalho doméstico pode oferecer.

Fora da lei e do tempo

A exploração dourada das serviçais dos super-ricos, combinando benefícios generosos com um trabalho ilimitado, segue a lógica do "trabalhar mais para ganhar mais", ao contrário dos empregos de cuidado à pessoa, que nunca são em tempo integral e são mal remunerados. Diante dessa possibilidade, as serviçais hesitam: enquanto algumas estão dispostas a suportar o cansaço, o sofrimento e uma vida pessoal sacrificada em troca de boas condições de trabalho em outros aspectos, outras não estão, e acabam saindo ou procurando ofertas com salários mais modestos e trabalho menos desgastante. Esses ajustes, no fundo, parecem depender do livre arbítrio de cada uma.

Mas não se pode simplesmente somar subjetividades individuais sem lembrar do cenário estruturalmente desigual em que elas se inserem. Independentemente do salário ou das vantagens oferecidas às serviçais, suas posições sociais e condições de vida permanecem inferiores às dos patrões. Isso é ainda mais verdadeiro considerando que os casos de mordomos e governantas particularmente bem remunerados são minoria entre os serviçais, cujas condições de trabalho estão longe de ser tão vantajosas. Mesmo quando o salário mensal parece alto, ele se reduz drasticamente quando dividido pelas horas efetivamente trabalhadas. Uma governanta que trabalha doze horas por dia, sete dias por semana, sem folga no mês – uma situação comum – e ganha 4 mil euros mensais, tem um salário por hora próximo de nove euros. A dedicação ilimitada das serviçais reduz consideravelmente o custo real do trabalho. E ser empregada dos ricos não necessariamente significa ser bem paga (por mês), alimentada, alojada e ganhar bolsas Louis Vuitton de presente. Muitas trabalham por salários muito inferiores, às vezes quase como mesada, com poucos ou nenhum benefício. Sua exploração, nesse caso, não é nem dourada nem disfarçada por super-ricos que se consideram benevolentes apenas por acolherem uma estrangeira que, em situação irregular, analfabeta e em desespero econômico, talvez estivesse condenada a viver na rua.

É aí que repousa o paradoxo do trabalho doméstico a serviço dos muito ricos: são bons empregos se, e somente se, os ricos assim decidirem. Eles podem ser exemplos ideais diante dos incentivos estatais à criação de empregos no setor de cuidados pessoais. Sua fortuna lhes permite oferecer empregos em tempo integral, com salários acima do mínimo, declarados, sem depender de isenções fiscais. Condições que a classe média não consegue oferecer à faxineira ou babá que trabalha poucas horas por semana. Mas são os ricos que definem o espaço das possibilidades, para o bem e para o mal. E podem fazê-lo porque o Estado e a justiça praticamente não fiscalizam os empregos que eles criam. Seu domínio das leis, das formas de burlá-las e de otimizá-las a seu favor, além de seu capital social, lhes confere um poder considerável. Eles têm a capacidade de criar os empregos que desejam e de garantir que as serviçais não prestem queixa às autoridades. Quando essas mulheres são socioeconomicamente vulneráveis, tudo isso parece brincadeira de criança. Enquanto muitos enfrentam dificuldades para assumir o papel de "empregador particular", os ricos sabem como ninguém se apropriar do caráter arbitrário do trabalho doméstico. Defendem com unhas e dentes a flexibilidade do trabalho e da mão de obra, e muitas serviçais os seguem, convencidas de que ganham mais com isso do que com um Estado que elas acusam de consolidar a rigidez de suas condições de trabalho e de abandoná-las.

Um silêncio (muito) político

A ausência de coletivos de trabalho e de mobilizações entre as serviçais dos ricos não permite o acesso, na pesquisa de campo, a uma consciência clara e a uma luta política unificada na qual possam se reconhecer e em torno da qual possam se reunir. O número quase insignificante de serviçais nas manifestações, junto com as poucas que são sindicalizadas, na esplanada do Trocadéro em Paris, a cada 16 de junho, dia internacional das trabalhadoras domésticas, evidencia a dificuldade que elas têm de se unir.

Em contrapartida, isso não significa que não tenham consciência política, que sejam indiferentes à sua condição ou que não tenham críticas aos super-ricos. Seus relatos frequentemente têm um alcance político. Mesmo dizendo-se feliz e satisfeita com seu trabalho e com sua patroa, Jelena, a serviçal de Geneviève, com quem este livro se abriu e que foi a primeira criada que conheci, me falou muito de seu arrependimento de nunca ter contribuído para a aposentadoria. Tendo trabalhado majoritariamente na informalidade durante toda a carreira, ela recebeu a promessa de ser alimentada, alojada e cuidada até o fim da vida pela família de Geneviève. Ela manterá seu quarto, e Catherine, filha de Geneviève, contratará outra doméstica, mais jovem, que cuidará de sua saúde e de sua alimentação. Mas, embora esse cenário tenha sido acordado há muito tempo, Jelena não consegue deixar de ter medo dos "imprevistos da vida", como diz. Ela confia em Geneviève e Catherine, mas sabe, no fundo, que esse tipo de confiança nunca é inabalável. Já ouviu muitas histórias de serviçais idosas sendo demitidas de um dia para o outro, apesar de promessas de emprego e aposentadoria vitalícia. "Ninguém está aqui para nos proteger, especialmente mulheres como eu", ela diz ao me confidenciar suas dúvidas. As "mulheres como ela" são as imigrantes, estrangeiras sem documentos ou sem nacionalidade francesa, pois, aos olhos do Estado, seu trabalho não existe. Geneviève e Catherine haviam prometido a nacionalidade francesa a Jelena, mas isso nunca aconteceu. Ela não podia reclamar, pois trabalhou em condições excepcionais para uma imigrante que chegou à França sem dinheiro nem escolaridade. Ainda assim, expressa, ao longo de nossas conversas, uma amargura diante dos "ricos que têm tudo" e o sentimento de pertencer a um "mundo invisível", o das serviçais, das mulheres imigrantes que, todos os dias, servem os outros permanecendo na sombra.

As serviçais dos super-ricos são silenciosas. Mas o que elas sentem não é tão diferente do que sentem outras trabalhadoras invisíveis que, apesar dos obstáculos, conquistaram um espaço público de fala e uma luta política. Algumas se reconheceram nas camareiras dos hotéis Ibis, que fizeram greve durante vários meses até conseguirem ganho de causa (em maio de 2021) contra o grupo Accor, revelando a dura realidade de suas vidas dedicadas a limpar e cuidar dos outros, sem reconhecimento simbólico ou material. As serviçais dos ricos poderiam se inspirar nessas lutas travadas por pessoas que se parecem com elas, que fazem um trabalho não tão distante do delas. Mas não o fazem. Elas trabalham com outras serviçais que não se reconhecem nesses perfis nem nessas reivindicações. O que um mordomo teria em comum com a camareira do hotel Ibis ou a cuidadora de um idoso com aposentadoria mínima? Além disso, seus patrões também são seus protetores. A Accor é uma figura patronal abstrata, um alvo facilmente identificável. Essa figura é muito menos clara no universo do serviço doméstico dos ricos. Ela não é encarnada por uma instituição impessoal, já que as serviçais estão em contato constante com seus patrões, sabem tudo sobre eles e guardam seus segredos de vida. Por isso, é muito mais difícil pensar mal deles e transformá-los em inimigos absolutos a combater, já que as relações de domesticidade repousam sobre uma tensão entre o reconhecimento e a amargura que as serviçais sentem por seus patrões. É essa relação tão particular, ao mesmo tempo tão próxima e tão distante, que inibe qualquer fala ou revolta coletiva, mesmo que, como vimos, as serviçais compartilhem – objetivamente – a experiência comum de uma vida a serviço dos ricos que está longe de ser tão irrepreensível quanto estes afirmam.

Um mundo sem tarefas domésticas não existe

Por mais sincero que seja o apego às serviçais, os super-ricos continuam sendo privilegiados, nem que seja por serem os únicos a decidir sobre as condições de trabalho e de vida de milhares de pessoas cuja principal função é aliviá-los de tarefas ingratas, incompatíveis com o pleno usufruto de seu poder. Seu dinheiro, e todos os capitais que ele lhes confere, são a origem desse privilégio pouco visível, pouco conhecido, e que parece, além disso, legítimo diante do entusiasmo governamental pela criação de empregos no setor de serviços a domicílio. Os ricos são "superpatrões", que empregam tanto em suas empresas quanto em suas casas, e que criam empregos para aqueles que, de qualquer forma, teriam dificuldade de encontrar algo melhor. Este livro não busca convencer que eles são, ao contrário, os "grandes vilões", pois minha investigação consistiu justamente em revelar a complexidade dos mecanismos do serviço doméstico, da dominação íntima, da exploração dourada, a ambivalência das trajetórias de serviçais que, graças aos ricos, vivem uma ascensão social fulgurante, ao mesmo tempo em que são privadas de vida pessoal. Em contrapartida, ele oferece um olhar crítico sobre o que continua sendo um verdadeiro privilégio de classe: o de ser servido. Os super-ricos podem fazer o que quiserem com as pessoas que os servem, mesmo que isso signifique privá-las de direitos.

O privilégio de ser servido e ajudado no cotidiano aparece, assim, desproporcional em relação à maioria da população que não pode se dar a esse luxo, por falta de meios. Se as ajudas do governo visam democratizar esse acesso, elas estão atreladas a um número reduzido de horas e a baixos salários, e contribuem para a massificação de empregos domésticos precários. Aqueles que não têm os recursos dos super-ricos não têm escolha e se tornam "maus empregadores". Eles não podem se dar ao luxo de delegar tudo e precisam escolher entre duas horas de ajuda domiciliar para um parente idoso, uma hora de babá para o filho ou uma hora de faxina. Para as classes populares mais precarizadas, recorrer a serviços domésticos é simplesmente inimaginável. A mercantilização dos serviços substitui as redes de solidariedade com familiares, amigos ou vizinhos, que se desagregam à medida que a sociedade se individualiza, e que não têm a mesma densidade para todos. Em vez de reforçar os privilégios deixando a domesticidade à mercê da economia de mercado, os poderes públicos poderiam criar um verdadeiro serviço público de assistência e serviços domiciliares, acessível a todos, gerador de empregos estáveis, com um estatuto de proteção equivalente ao dos funcionários públicos e com uma remuneração digna.

Além disso, é a própria lógica do serviço que merece ser questionada, bem como o lugar das tarefas domésticas e de cuidado em nossas vidas. Todos precisam enfrentar essas tarefas, para si ou para seus próximos; no entanto, persiste a ideia de que seriam tarefas degradantes, que não merecem tempo ou pagamento digno àqueles que as realizam. De certo modo, os entregadores do iFood, Uber ou Rappi são os novos rostos de um serviço doméstico externalizado, por demanda, que reproduz em escala maior os privilégios dos super-ricos: ele não é reservado aos ricos, mas serve justamente para manter à distância os inconvenientes relacionais. Que sentido tem uma sociedade em que é preciso a todo custo se livrar das tarefas mais vitais, no sentido literal e figurado, e ser servido pelos pobres, pelos imigrantes, pelas mulheres? Responder a uma pergunta tão incômoda quanto fundamental implica refletir sobre as condições de uma sociedade em que a transformação das *necessidades* em serviços não beneficie apenas os mais privilegiados, nem prejudique aqueles que realizam as tarefas domésticas e de cuidado. Os super-ricos sempre se convencerão de que o serviço doméstico nada tem de supérfluo e de que eles têm tanto mérito quanto direito a qualquer serviço. Mas nada obriga a maioria da população a pensar o mesmo.

Agradecimentos

Conhecer uma socióloga, levá-la para dentro de casa e se abrir exige tempo e confiança. Agradeço a todas as pessoas que me concederam seu tempo e sua confiança, mesmo quando receavam esse encontro ou dispunham de pouco tempo livre. Minha gratidão vai, em especial, às empregadas domésticas com quem desenvolvi laços de amizade para além da pesquisa. Espero ter conseguido transmitir a complexidade de seus pontos de vista.

Este livro é fruto de vários anos de pesquisa realizadas no âmbito de meu doutorado. Agradeço a Didier Demazière por ter orientado esse processo exigente e pelo apoio que continua me oferecendo até hoje. Obrigada a Sophie Bernard, Dominique Memmi, Mélanie Jacquemin, Michel Lallement e Shamus Khan por terem avaliado essa tese e conduzido os fascinantes debates que se seguiram.

Embora provenha da minha tese, este livro é bastante diferente dela. Paul Pasquali e Fabien Truong foram os pilares do meu aprendizado de um tipo de escrita que se afasta dos padrões acadêmicos sem perder sua substância. Agradeço a eles por terem me ensinado essa maneira profundamente libertadora de escrever a sociologia e torná-la mais compreensível.

Agradeço à equipe da editora La Découverte pelo acompanhamento, e em particular a Marie-Soline Royer por suas leituras tão pertinentes. Obrigada também a Carole Lozano por seus conselhos valiosos.

A pesquisa é uma aventura tanto solitária quanto coletiva. Guardo uma lembrança preciosa das minhas primeiras investigações como estudante. Obrigada àqueles que foram meus professores na universidade e na ENS por me levarem desde cedo ao trabalho de campo. Um agradecimento especial aos colegas do mestrado PDI e àqueles com quem compartilhei o entusiasmo pela investigação: Cécile Lesavre, Alexandra Hondermark, Abigail Bourguignon, Pierre Alayrac, Frédéric Salin, Julien Vitores, Alexandre Vayer e Quentin Schnapper tornaram mais alegres e concretas as reflexões metodológicas e teóricas coletivas.

Fui acolhida em um laboratório particularmente propício às trocas, tão preciosas para o avanço intelectual, profissional e humano. Saúdo e agradeço a todos os membros do CSO, em especial Anne-Laure Beaussier, Marie-Emmanuelle Chessel, Émilie Biland-Curinier, Sylvain Brunier, Sophie Dubuisson-Quellier, Jean-Noël Jouzel, Claire Lemercier, Emmanuelle Marchal, Jérôme Pélisse, Olivier Pilmis e Denis Segrestin, que me releram e acompanharam nas diferentes etapas e desafios do ofício de socióloga. Um imenso obrigada a Samia Ben e a Valérie Bonnet Kebbouche pela escuta e pelos conselhos tão reconfortantes.

Também busquei a energia necessária para escrever este livro nas ótimas colaborações que empreendi paralelamente com meus colegas que estudam o trabalho doméstico. Obrigada a Hélène Malarmey, Ranime Alsheltawy e Christine Deslaurier, com quem espero continuar as aventuras. Obrigada a todas as pessoas envolvidas nas atividades do seminário "Domesticités", um espaço rico de discussão que continua alimentando minhas reflexões sobre esse objeto de estudo. Mais amplamente, penso em todos aqueles e aquelas que, por meio de publicações, jornadas de estudo, congressos e aulas, contribuíram enormemente para a maturação das minhas ideias.

Agradeço de coração a Sébastien Billows, Anna Egea, Amélie Marissal, Lucille Dupréelle e Hugues Bonnefon pelo apoio e pelas alegrias que compartilhamos.

Obrigada à Aline e à Manon pela amizade inabalável. Obrigada à Rosida por toda a segurança e o afeto que oferece à minha filha.

Tenho consciência da sorte que é contar com o apoio da minha família em minhas escolhas. A eles devo a determinação e a paixão que me guiaram até aqui. Gostaria que minha avó Danielle pudesse ter tido este livro em suas mãos.

Por fim, só Hervé sabe tudo o que este livro representa para mim. Obrigada a ele pelo amor incondicional que me dedica.

Notas

Introdução (páginas 9 a 35)

1 Jean-Pierre Robin, "Le grand retour des domestiques dans la société Française", *Le Figaro*, 3 dez. 2018.

2 Jennifer N. Fish, *Domestic Workers of the World Unite!*, New York University Press, New York, 2017.

3 Margot Béal, *Des champs aux cuisines. Histoire de la domesticité en Rhône et Loire, 1848-1940*, ENS Éditions, Paris, 2019; Jacquelin Martin-Huan, *La Longue Marche des domestiques en France, du XIXe siècle à nos jours*, Opéra, Paris, 1997.

4 Alain Ruggiero, "La bourgeoisie niçoise au milieu du XIXe siècle. Essai de caractérisation", *Cahiers de la Méditerranée*, n. 46-47, 1993, p. 85-95.

5 Anne Martin-Fugier, *La Place des bonnes. La domesticité féminine à Paris en 1900*, Grasset & Fasquelle, Paris, 1979.

6 Pierre Guiral e Guy Thuillier, *La Vie quotidienne des domes- tiques en France au XIXe siècle*, Hachette, Paris, 1978 ; Karine Vasselin, "Faire le ménage: de la condition domestique à la revendication d'une professionnalité", in Françoise Piotet (org.), *La Révolution des métiers*, PUF, Paris, 2002, p. 77-98.

7 International Labour Organization (ILO*), Making Decent Work a Reality for Domestic Workers. Progress and Prospects Ten Years After the Adoption of the Domestic Workers Convention, 2011 (n. 189),* Genebra, 2021; Dares, *Rapport sur les services à la personne, Dares Résultats*, n. 70, dez. 2021.

[8] Clément Carbonnier e Nathalie Morel, *Le Retour des domestiques*, Seuil, Paris, 2018; François-Xavier Devetter e Sandrine Rousseau, *Du balai. Essai sur le ménage à domicile et le retour de la domesticité*, Raisons d'Agir, Paris, 2011.

[9] Para um resumo do caso, confira uma matéria da seção Les Décodeurs do jornal *Le Monde*: Samuel Laurent, "Si vous n'avez rien suivi à l'affaire Bettencourt", *Le Monde*, 26 jan. 2015.

[10] Dominique Memmi, Bruno Cousin e Anne Lambert, "Servir (chez) les autres. Pérennité et mutations de la domination rapprochée", *Actes de la recherche en sciences sociales*, vol. 5, n. 230, 2019, p. 108-119.

[11] Florence Weber, "La déontologie ethnographique à l'épreuve du documentaire", *Revue de synthèse*, vol. 132, n. 3, 2011, p. 325-349.

[12] Bruno Cousin, Shamus Khan e Ashley Mears, "Theoretical and methodological pathways for research on elites", *Socio-Economic Review*, vol. 16, n. 2, 2018, p. 225-249.

[13] Em seu trabalho sobre a relação da burguesia com a política, Kevin Geay questiona até que ponto a antiga (grande) burguesia francesa é "obrigada", para perpetuar seu pertencimento de classe, a adotar as práticas internacionalizadas – especialmente as educacionais – das novas fortunas. Kevin Geay, *Enquête chez les bourgeois*, Fayard, Paris, 2019.

[14] Christelle Avril, *Les Aides à domicile. Un autre monde populaire*, La Dispute, Paris, 2014.

[15] Viviana A. Zelizer, *The Purchase of Intimacy*, Princeton University Press, Princeton, 2005.

[16] Michel Pinçon e Monique Pinçon-Charlot, *Nouveaux Patrons, nouvelles dynasties*, Calmann-Lévy, Paris, 1999; Anne-Catherine Wagner, "Les classes dominantes à l'épreuve de la mondialisation", *Actes de la recherche en sciences sociales*, vol. 5, n. 190, 2011, p. 4-9; Sylvain Laurens, *Les Courtiers du capitalisme*, Agone, Marseille, 2015.

[17] François-Xavier Devetter e Julie Valentin, *Deux Millions de travailleurs et des poussières. L'avenir des emplois du nettoyage dans une société juste*, Les Petits Matins, Paris, 2021.

[18] Ver Lucas Chancel, Thomas Piketty, Emmanuel Saez e Gabriel Zucman (org.), *Rapport sur les inégalités mondiales 2022*, Seuil, Paris, 2022.

[19] Leïla SLIMANI, *Chanson douce*, Gallimard, Paris, 2016. [Em português: *Canção de ninar*, tradução de Sandra M. Stroparo. São Paulo: Planeta, 2018.]

[20] Jean GENET, *Les Bonnes*, Folio, Paris, 1978 [1947].

[21] Sobre o romance de Leïla Slimani: Alizée DELPIERRE, "Disparaître pour servir: les nounous ont- elles un corps?", *L'Homme & la Société*, vol. 1-2, n. 203-204, 2017, p. 261-270.

[22] Monique PINÇON e Michel PINÇON-CHARLOT, *Les Ghettos du Gotha. Comment la bourgeoisie défend ses espaces*, Seuil, Paris, 2007.

[23] Éric MENSION-RIGAU, "La noblesse et le Jockey Club", *in* Marc FUMAROLI *et al.* (org.), *Élites et sociabilités en France*, Perrin, Paris, 2003, p. 35-41; Alice BAVARD, "Le cercle aristocratique dans la France bourgeoise 1880-1939", *Histoire, économie & société*, vol. 1, ano 30, p. 35-99.

[24] Cyril GRANGE, *Les Gens du Bottin Mondain. 1903-1987. Y être, c'est en être*, Fayard, Paris, 1996.

[25] Stéphanie VERMEERSCH, "Bien vivre au-delà du 'périph': les compromis des classes moyennes", *Sociétés contemporaines*, vol. 3, n. 83, 2011, p. 31-154.

[26] Bernard LAHIRE. *La Culture des individus. Dissonances culturelles et distinction de soi*, La Découverte, Paris, 2004. [Em português: *A cultura dos indivíduos*. Tradução de Fátima Murad. Porto Alegre: Artmed, 2006.]

[27] Christine MENNESSON *et al.*, "Forger sa volonté ou s'exprimer: les usages socialement différenciés des pratiques physiques et sportives enfantines", *Sociologie*, vol. 7, n. 4, p. 393-412.

[28] Sylvain LAURENS, "'Pourquoi' et 'Comment' poser les questions qui fâchent? Réflexions sur les dilemmes récurrents que posent les entretiens avec des 'imposants'", *Genèses*, vol. 4, n. 69, p. 112-127.

[29] Anne MONJARET e Catherine PUGEAULT (org.), *Le Sexe de l'enquête. Approches sociologiques et anthropologiques*, ENS Éditions, Paris, 2014.

[30] Kazuo ISHIGURO, *Les Vestiges du jour*, Presses de la Renaissance, Paris, 1990 [1989]. [Em português: *Os vestígios do dia*, tradução de José Rubens Siqueira. São Paulo: Companhia das Letras, 2016.]

31 Dominique Memmi, "Mai 68 ou la crise de la domination rapprochée", *in* Dominique Dammame *et al.*, *Mai-Juin 68*, Éditions de l'Atelier, Paris, 2008, p. 35-46; Dominique Memmi, Bruno Cousin e Anne Lambert, "Servir (chez) les autres. Pérennité et mutations de la domination rapprochée", (*Actes de la recherche en sciences sociales*, vol. 5, n. 230, p. 108-119), art. cit.

Capítulo 1 (páginas 37 a 58)

1 Didier Demazière, "L'entretien de recherche et ses conditions de réalisation. Variété des sujets enquêtés et des objets de l'enquête", *Sur le journalisme, Université libre de Bruxelles*, vol. 1, n. 1, 2012, p. 30-39.

2 Pierre Bourdieu, "L'illusion biographique", *Actes de la recherche en sciences sociales*, n. 62-63, 1996, p. 69-72. [Em português: "A ilusão biográfica", *in* Pierre Bourdieu, *Razões práticas: sobre a teoria da ação*. Tradução de Mariza Corrêa. Campinas, SP: Papirus, 1996, p. 74-82]

3 Bruno Cousin et Sébastien Chauvin "Vers une hyper-bourgeoisie mondialisée?", *in* Fondation Copernic (org.), *Manuel indocile de sciences sociales. Pour des savoirs résistants*, La Découverte, Paris, 2019, p. 640-649.

4 Michel Pinçon e Monique Pinçon-Charlot, *Dans les beaux quartiers*, La Découverte, Paris, 1989.

5 Thibaut Menoux, "Can the subaltern gaze? Esthétique du regard de classe des employé.e.s des services de luxe", *Poli. Politique de l'image*, n. 14, 2018, p. 100-111.

6 Judith Rollins, "Entre femmes. Les domestiques et leurs patronnes", *Actes de la recherche en sciences sociales*, vol. 84, 1990, p. 63-77.

7 Dominique Vidal, *Les Bonnes de Rio. Emploi domestique et société démocratique au Brésil*, Septentrion, Villeneuve-d'Ascq, 2007.

8 François-Xavier Devetter, Florence Jany-Catrice e Thierry Ribault, *Les Services à la personne*, La Découverte, Paris, 2009; Clément Carbonnier e Nathalie Morel, *Le Retour des domestiques*, Seuil, Paris, 2018.

9 Mélanie Jacquemin, *"Petites Bonnes" d'Abidjan*, L'Harmattan, Paris, 2012.

10 Pierre Bourdieu, *Raisons pratiques*, Seuil, Paris, 2014 [1994]. [Em português: *Razões práticas: sobre a teoria da ação*. Tradução de Mariza Corrêa. Campinas, SP: Papirus, 1996, p. 139.]

11 Veja o último relatório da Direction de l'Animation de la Recherche, des Études et des Statistiques (Dares), o instituto estatístico do Ministério do Trabalho, sobre esse assunto: Dares, "Les salariés des services à la personne: comment évoluent leurs conditions de travail et d'emploi?", *Dares Analyses*, n. 38, ago. 2018.

12 Abdelmalek Sayad, *La Double Absence. Des illusions de l'émigré aux souffrances de l'immigré*, Seuil, Paris, 1999; Simeng Wang, *Illusions et souffrances. Les migrants chinois à Paris*, Éditions Rue d'Ulm, Paris, 2017.

13 Smaïn Laacher, *Ce qu'immigrer veut dire. Idées reçues sur l'immigration*, Le Cavalier Bleu Éditions, Paris, 2016.

14 Michel Pinçon e Monique Pinçon-Charlot, *Grandes Fortunes. Dynasties familiales et formes de richesse en France*, Payot & Rivages, Paris, 1996.

15 Anne Martin-Fugier, *La Place des bonnes. La domesticité féminine à Paris en 1900*, Perrin, Paris, 2004 [1979].

16 Liliane Bernardo, "La place des sentiments dans l'aide professionnelle de gré à gré", *in* Séverine Gojard *et al.*, *Charges de famille. Dépendance et parenté dans la France contemporaine*, La Découverte, Paris, 2003, p. 362-389.

17 Pierre Bourdieu, *Le Sens pratique*, Les Éditions de Minuit, Paris, 1980. [Em português: *O senso prático*. Tradução de Maria Ferreira. Petrópolis, RJ: Vozes, 2009.]

Capítulo 2 (páginas 59 a 85)

1 Pierre Guiral e Guy Thuillier, *La Vie quotidienne des domestiques en France au XIXe siècle*, Hachette, Paris, 1978.

2 Kévin Geay, *Enquête sur les bourgeois. Aux marges des beaux quartiers*, Fayard, Paris, 2019.

3 Bruno Cousin, Shamus Khan e Ashley Mears, "Theoretical and methodological pathways for research on elites", *Socio-Economic Review*, 16 (2), 2018, p. 225-249.

[4] Cissie FAIRCHILDS, "Masters and servants in eighteenth century Toulouse", *Journal of Social History*, vol. 12 (3), 1979, p. 368-393; Sophie DE LAVERNY, *Les Domestiques commensaux du roi de France au XVIIe siècle*, Presse de l'université Paris-Sorbonne, Paris, 2003.

[5] A jornalista Ixchel DELAPORTE investigou o tema, colocando-se "na pele" de uma acompanhante de idosos: *Dame de compagnie. En immersion au pays de la vieillesse*, Le Rouergue, Paris, 2021.

[6] Fundos de arquivos da ACI, armazenados no CNAEF. Caixa 13 LA 168 – 1966 I, anotações de leitura, "Enquête de février sur les biens", fev. 1966.

[7] Anne-Catherine WAGNER, "Mariages assortis et logiques de l'entre-soi dans l'aristocratie et dans la haute bourgeoisie", *Migrations Société*, vol. 5, n. 119, p. 229-242; Bruno COUSIN e Sébastien CHAUVIN, "Old money, networks and distinction. The social and service clubs of Milan's upper classes", *in* Ray FORREST *et al.* (org.), *Cities and the Super-Rich: Real Estate, Elite Practices, and Urban Political Economies*, Palgrave Macmillan, Nova York, 2017, p. 147-165.

[8] Anne MARTIN-FUGIER, *La Place des bonnes, op. cit.*

[9] Bruno COUSIN e Sébastien CHAUVIN, "Grands cercles et sociabilité des élites mondiales", *in* Bertrand BADIE e Dominique VIDAL (org.), *Qui gouverne le monde? L'état du monde*, La Découverte, Paris, 2016, p. 186-193.

[10] Branko MILANOVIC, *Inégalités mondiales. Le destin des classes moyennes, les ultra-riches et l'égalité des chances*, La Découverte, Paris, 2019.

[11] Michel PINÇON e Monique PINÇON-CHARLOT, *Châteaux et châtelains. Les siècles passent, le symbole demeure*, Anne Carrière, Paris, 2005.

[12] Nicolas RENAHY e Pierre-Emanuel SORIGNET, "Introduction. Pour une sociologie du mépris de classe. L'économie des affects au cœur de la domination", *Sociétés contemporaines*, vol. 3, n. 119, 2020, p. 5-32.

[13] Norbert ELIAS, *La Société de cour*, Calmann-Lévy, Paris, 1974 [1969] [Em português: *A sociedade de corte*. Tradução de Pedro Süssekind. Rio de Janeiro: Jorge Zahar, 2001]; Thorstein VEBLEN, *Théorie de la classe de loisir*, Gallimard, Paris, 2014 [1899].

[14] Margot BÉAL, *Des champs aux cuisines. Histoire de la domesticité en Rhône et Loire, 1848-1940*, ENS Éditions, Paris, 2019.

[15] Natacha Borgeaud-Garciandia e Bruno Lautier, "La personnalisation de la relation de domination au travail: les ouvrières des maquilas et les employées domestiques en Amérique latine", *Actuel Marx*, vol. 1, n. 49, 2011, p. 104-120.

[16] Aurélie Chatenet, "La femme, 2 maîtresse de maison? Rôle et place des femmes dans les ouvrages d'économie domes- tique au XVIIIe siècle", *Histoire, économie & société*, vol. 4 (ano 28), 2009, p. 21-34.

[17] Judith Rollins, "Entre femmes. Les domestiques et leurs patronnes", art. cit.

[18] Jules Falquet, Helena Hirata, Danièle Kergoat, Brahim Labari, Nicky Le Feuvre e Fatou Sow (org.), *Le Sexe de la mondialisation. Genre, classe, race et nouvelle division du travail,* Presses de Sciences Po, Paris, 2010.

[19] Christine Delphy, *L'Ennemi principal*, vol. 1: *Économie politique du patriarcat*, e vol. 2: *Penser le genre*, Syllepse, Paris, 1997 e 2001.

[20] Para uma história das lutas feministas na França: Bibia Pavard, Florence Rochefort e Michelle Zancarini-Fournel, *Ne nous libérez pas, on s'en charge. Une histoire des féminismes de 789 à nos jours*, La Découverte, Paris, 2020.

Capítulo 3 (páginas 87 a 112)

[1] Rhacel S. Parreñas, *Servants of Globalization: Women, Migration, and Domestic Work*, Stanford University Press, Stanford, 2001. Há muitos estudos sobre as empregadas migrantes filipinas. Sobre as filipinas na França, ver: Liane Mozère, "Des domestiques philippines à Paris. Un marché mondial de la domesticité défini en termes de genre?", *Journal des anthropologues*, n. 96-97, 2004, p. 291-319.

[2] Julien Debonneville, *Servitude et mondialisation. Les domestiques philippines*, Hémisphère Éditions, Paris, 2021.

[3] Veja, a esse respeito, Olivia Killias, *Follow the Maid. Domestic Workers in and from Indonesia*, Nias Press, Copenhague, 2018.

[4] Amélie Le Renard, *Le Privilège occidental. Travail, intimité et hiérarchies postcoloniales à Dubaï*, Les Presses de Sciences Po, Paris, 2019.

5 Sarah Mazouz, "Les mots pour le dire. La qualification raciale, du terrain à l'écriture", *in* Didier Fassin e Alban Bensa (org.), *Les Politiques de l'enquête. Épreuves ethnographiques*, La Découverte, Paris, 2008, p. 81-98.

6 Marie Bergström, *Les Nouvelles Lois de l'amour. Sexualité, couple et rencontres au temps du numérique*, La Découverte, Paris, 2019.

7 Gabrielle Schütz, *Jeunes, jolies et sous-traitées: les hôtesses d'accueil*, La Dispute, Paris, 2018; Julien Debonneville, "Always wear a smile on your face!", *Journal des anthropologues*, vol. 3, n. 5, p. 51-77.

8 Anne Lambert, "Apprendre à servir et aimer servir. Les hôtesses de l'air en première classe", *Actes de la recherche en sciences sociales*, vol. 5, n. 230, 2019, p. 36-55.

9 Pierre-Emmanuel Sorignet, *Danser. Enquête dans les coulisses d'une vocation*, La Découverte, Paris, 2012.

10 Especialmente nas empresas, como mostra Emmanuel Marchal, *Les Embarras des recruteurs. Enquête sur le marché du travail*, EHESS, Paris, 2015.

11 Gabrielle Schütz, *Jeunes, jolies et sous-payées: les hôtesses d'accueil, op. cit.*

12 Ashley Mears, *Pricing Beauty: the Making of a Fashion Model*, University of California Press, Berkeley, 2011; Giulia Mensitieri, *"Le plus beau métier du monde". Dans les coulisses de l'industrie de la mode*, La Découverte, Paris, 2018.

13 Oumaya Hidri, "Se forger une apparence 'recrutable': une stratégie d'insertion professionnelle des étudiant(e)s", *Travailler*, vol. 20, n. 2, p. 99-122, 2008.

14 Ver Amélie Le Renard, *Le Privilège occidental, op. cit.*

15 Dominique Memmi, "Une situation sans issues? Le difficile face-à-face entre maîtres et domestiques dans le cinéma anglais et français", *Cahiers du genre*, vol. 35, n. 2, p. 209-235, 2003.

16 Rachel Sherman, *Class Act. Service and Inequality in Luxury Hotels*, University of California Press, Berkeley, 2007.

17 Alizée Delpierre, "Les 'bons' corps de la domesticité. Recrutements physiques et jugements esthétiques du personnel de maison des grandes fortunes", *Genèses*, vol. 2, n. 123, 2021, p. 8-27.

[18] Nicolas Renahy e Pierre-Emmanuel Sorignet, "Introduction. Pour une sociologie du mépris de classe. L'économie des affects au cœur de la domination", *art. cit.*

[19] Sobre os usos do termo "raça" na sociologia, ver: Sarah Mazouz, *Race*, Anamosa, Paris, 2020.

[20] Nicolas Jounin, *Chantier interdit au public. Enquête parmi les travailleurs du bâtiment*, La Découverte, Paris, 2008.

[21] Caroline Ibos, *Qui gardera nos enfants? Les nounous et les mères*, Flammarion, Paris, 2012.

[22] Wilfried Lignier e Julie Pagis, "Le dégoût des autres", *Genèses*, vol. 3, n. 96, p. 2-8, 2014. Para uma história do nojo sensorial de classe, ver Alain Corbin, *Le Miasme et la Jonquille. L'odorat et l'imaginaire social (XVIIIe-XIXe siècles)*, Flammarion, Paris, 2016. [Em português: *Saberes e odores. O olfato e o imaginário social nos séculos dezoito e dezenove*. Tradução de Ligia Watanabe. São Paulo: Cia. das Letras, 1987.]

[23] Lila Belkacem, Amélie Le Renard e Myriam Paris, "Race", *in* Juliette Rennes, *Encyclopédie critique du genre,* La Découverte, Paris, 2021, p. 643-653.

Capítulo 4 (páginas 113 a 142)

[1] Anne-Chantal Hardy, "Donner, recevoir et rendre: réflexion sur les règles de l'échange sociologique", *¿Interrogations ?*, n. 13 [online], 2011.

[2] Wilfried Lignier, "Implications ethnographiques", *Genèses*, vol. 1, n. 90, 2013, p. 2-6.

[3] Anne Monjaret e Catherine Pugeault (org.), *Le Sexe de l'enquête. Approches sociologiques et anthropologiques,* ENS Éditions, Paris, 2014.

[4] Geneviève Cresson e Nicole Gadrey, "Entre famille et métier: le travail du *care*", *Nouvelles Questions féministes*, vol. 23, 2004, n. 3, p. 26-41.

[5] Yamila Simonovsky e Malte Luebker, "Estimations mondiales et régionales concernant les travailleurs domestiques", *in* OIT, *Travail*

domestique, Note d'information n. 4. Programme des conditions de travail et d'emploi, 2013.

[6] Félicie Drouilleau-Gay, *Secrets de familles. Parenté et emploi domestique à Bogota (Colombie, 1950-2010)*, Pétra, Paris, 2019.

[7] Arlie R. Hochschild, "Le nouvel or du monde", *Nouvelles Questions féministes*, vol. 23, n. 3, 2004, p. 59-74.

[8] Christelle Avril, *Les Aides à domicile: un autre monde populaire*, La Dispute, Paris, 2014.

[9] Alizée Delpierre e François-Xavier Devetter, "Un travail sous silence. La mobilization collective des travailleurs domestiques est-elle impossible?", *in* Claire Vivès (org.), *Le Travail en luttes. Résistances, conflictualités et actions collectives*, Octarès, Toulouse, no prelo.

[10] Armelle Giglio-Jacquemot, *Nice, bonne au Brésil*, R & O Multimédia, France-Brésil, 2009.

[11] Florence Jany-Catrice, "Mise en visibilité statistique des emplois dans les services à la personne",

La Revue de l'Ires, vol. 3, n. 78, 2013, p. 25-49.

[12] Bruno Cousin e Anne Lambert, "Grandes fortunes et servisse personnels", *Actes de la recherche en sciences sociales*, n. 230, 2019, p. 4-11.

[13] Christelle Avril, "Secrétaires, des domestiques comme les autres?", *Mélanges de l'École française de Rome – Italie et Méditerranée modernes et contemporaines*, vol. 131, n. 1, 2019, p. 153-168.

[14] Thibaut Menoux e Camille Noûs, "Les deux corps au travail dans les services de luxe. Enjeux physiques de la représentation chez les concierges d'hôtel", *Sociétés contemporaines*, vol. 1, n. 117, 2020, p. 47-71.

[15] Alizée Delpierre, "'Cette fois, la ligne rouge a été franchie'. Conflits et ruptures de la relation de service dans la domesticité élitaire", *La Nouvelle Revue du travail* [online], 2019.

[16] Claudette Lacelle, *Les Domestiques en milieu urbain canadien au XIXe siècle*, Lieux et parcs historiques nationaux, Environnement Canada, Ottawa, 1987, p. 189-190.

[17] Maria Arondo, *Moi, la bonne*, Stock, Paris, 1975.

Capítulo 5 (páginas 143 a 166)

1 Doan Bui, "'Madame me faisait porter des couches': l'histoire de Damien, trente et un ans, ex-bonne", *L'Obs* [onlinr], 25 sgo. 2015.

2 Romain Boulho, "'J'étais coincé là-bas': le huis clos terrible de Méthode Sindayigaya, réduit en esclavage", *Libération*, 18 fev. 2021.

3 Pierre Lascoumes e Carla Nagels, *Sociologie des élites délinquantes. De la criminalité en col blanc à la corruption politique*, Armand Colin, Paris, 2014.

4 Karine Vasselin, "Faire le ménage: de la condition domestique à la revendication d'une professionnalité", *in* Françoise Piotet (org.), *La Révolution des métiers*, PUF, Paris, 2002, p. 77-98.

5 Fundo de arquivos da ACI depositado nos arquivos do Centro Nacional de Arquivos da Igreja da França (CNAEF). Caixa 13LA 146-12388-1953 à 1957: Notas de leitura. 1953-1954: Inquérito sobre a vida laboral.

6 Isabelle Puech, "Genèse de la convention collective des employés de maison (1930-1951). La mobilisation des employeuses pour la reconnaissance du travail domestique en France", *L'Homme et la Société*, vol. 21, n. 214-215, 2022, p. 31-50.

7 Carole Pateman e Charles W. Mills, *Contract and Domination*, Polity Press, Cambridge, 2007.

8 Pascale Molinier, "Des féministes et de leurs femmes de ménage: entre réciprocité du care et souhait de dépersonnalisation", *Multitudes*, vol. 37-38, n. 2, 2009, p. 113-121; Elsa Dorlin (org.), *Sexe, race, classe. Pour une épistémologie de la domination*, PUF, Paris, 2009.

9 Alizée Delpierre, "The price of "golden exploitation". How money flows from the super-rich to domestic workers support inequalities", *Socio-Economic Review*, 28 set. 2021.

10 Jérôme Pélisse e Shauhin Talesh, "How legal intermediaries facilitate or inhibit social change", *Studies in Law, Politics and Society*, vol. 79, 2019, p. 111-145.

[11] Alizée Delpierre, "Faire comme l'aristocratie? Le placement des majordomes chez les nouvelles fortunes", *Actes de la recherche en sciences sociales*, vol. 5, n. 230, 2019, p. 92-107; "'Blanchir' la domesticité. La reproduction des hiérarchies de race, de classe et de sexe dans la production d'un personnel de luxe en Afrique du Sud", *Politique africaine*, vol. 2, n. 154, 2019, p. 95-119.

Capítulo 6 (páginas 167 a 194)

[1] Antoinette Fauve-Chamoux, *Domestic Service and the Formation of European Identity. Understanding the Globalization of Domestic Work, 16th-21st Centuries*, Peter Lang, Bern, 2004.

[2] Alizée Delpierre, "Les 'bons' corps de la domesticité. Recrutements physiques et jugements esthétiques du personnel de maison des grandes fortunes", *Genèses*, vol. 2, n. 123, 2021, p. 8-27.

[3] Ranime Alsheltawy e Alizée Delpierre, "Introduction. Petites et grandes résistances dans les domesticités", *L'Homme et la Société*, vol. 1, n. 214, 2021.

[4] Amin Allal, Myriam Catusse e Montserrat Emperador Badimon (org.). Quand l'industrie proteste, PUR, Paris, 2018.

[5] Lydia Lecher, *Bienvenue chez les riches*, Michel Laffont, Paris, 2016.

[6] Fabien Truong, *Jeunesse française: Bac + 5 made in banlieue*, La Découverte, Paris, 2015.

[7] Shireen Ally, *From Servants to Workers: South African Domestic Workers and the Democratic State*, Cornell University Press, New York, 2009

[8] Bruno Cousin e Sébastien Chauvin, "L'entre-soi élitaire à Saint-Barthélemy", *Ethnologie française*, vol. 42, n. 2, 2012, p. 335-345.

[9] Priscilla Claeys e Audrey Richard-Ferroudji, "Les expatrié·e·s face à leurs employé·e·s domestiques à Pondichéry (Inde). Entre maternalisme, libéralisme, racisme et solidarité", *Revue internationale des études du développement*, vol. 2, n. 246, 2021, p. 121-149.

[10] Juliette Rennes (org.), *Encyclopédie critique du genre. Corps, sexualité, rapports sociaux*, La Découverte, Paris, 2016.

[11] François-Xavier Devetter e Florence Jany-Catrice, "L'invention d'un secteur et ses conséquences socio-économiques: les politiques de soutien aux services à la personne", *Politiques et management public*, vol. 27, n. 2, 2010, p. 75-101.

[12] Alizée Delpierre, "De la bonne au majordome. Contrôle des corps et des relations entre les sexes dans la domesticité élitaire", *Sociologie du travail*, vol. 61, n. 3 [online], 2019.

Este livro foi composto com tipografia Adobe Garamond Pro
e impresso em papel Off-White 70 g/m² na Formato Artes Gráficas.